当事人民事诉讼权利
救济机制研究

何四海　著

中国人民公安大学出版社

·北　京·

图书在版编目（CIP）数据

当事人民事诉讼权利救济机制研究／何四海著．-
北京：中国人民公安大学出版社，2024.6
ISBN 978-7-5653-4748-1

Ⅰ．①当… Ⅱ．①何… Ⅲ．①民事诉讼-研究-中国
Ⅳ．①D925．104

中国国家版本馆 CIP 数据核字（2023）第 189351 号

当事人民事诉讼权利救济机制研究

何四海　著

策划编辑：马东方
责任编辑：李玮煜
装帧设计：张　彦
责任印制：周振东

出版发行：中国人民公安大学出版社
地　　址：北京市西城区木樨地南里
邮政编码：100038
发　　行：新华书店
印　　刷：北京市科星印刷有限责任公司

版　　次：2024 年 6 月第 1 版
印　　次：2024 年 6 月第 1 次
印　　张：13.75
开　　本：787 毫米×1092 毫米　1/16
字　　数：200 千字

书　　号：ISBN 978-7-5653-4748-1
定　　价：58.00 元

网　　址：www.cppsup.com.cn　www.porclub.com.cn
电子邮箱：zbs@cppsup.com　zbs@cppsu.edu.cn

营销中心电话：010-83903991
读者服务部电话（门市）：010-83903257
警官读者俱乐部电话（网购、邮购）：010-83901775
公安业务分社电话：010-83906108

序　言

十多年前，本书作者就跟着我做民事诉讼法的研究。其博士论题即为诉讼权利救济，该论题当时虽有学者进行少许探索，但并无系统而深入的研究。博士在读期间，作者与我多次探讨长谈，深入交流，最终确定了诉讼权利救济方面的选题。近年来，我国民事诉讼法律制度发展很快，民事诉讼法及相关司法解释、证据规则等都历经数次修改，在此期间，作者一直对当事人民事诉讼权利救济方面保持关注，并对其博士论文进行了比较大的修改和完善。

对于当事人而言，诉讼的展开就是诉讼权利的流动、诉讼权利的范围拓展。这虽可解决诉讼权利不足的问题，但如果诉讼权利缺乏救济保障，其单向度的范围拓展将难有实效。本书系统探索如何在民事诉讼程序中科学构建起诉讼权利的救济机制，对于推动理论研究深入、助力相关制度完善具有一定价值。

本书对于民事程序中的诉讼权利及其救济有独特且理性的思辨，体现出了作者对于当事人程序权利保障问题细微而深入的观察。作者在民事诉讼权利的救济结构、救济方式配置、救济系统构造等方面进行了较为系统的分析，并指出相关问题在一定程度上影响了救济机制功能的发挥。

建立内容完备、形式理性的民事诉讼权利救济机制，是"加强司法制约监督，健全社会公平正义法治保障制度，努力让人民群众在每一个司法案件中感受到公平正义"的基本要求。完善的诉讼权利救济机制具有保护当事人实体权利、保障当事人与法院沟通、促进当事人实质参与程序和促进法院职权行为规范行使的价值，并最终增强当事人在公平正义方面的"获得感"。作者提出，可以结合我国国情在诉讼权利保障方面构建以独立救济机制为主、以附带救济机制为辅的双轨救济机制；完善当事人诉讼权利救济机制须考虑普遍救济原则、有限救济原则、用尽普通救济原则和救济相称原则。根据上述原则，作者也提出了一些思考和建议，如发展和完善民事诉讼权利的救济理念，实现从传统模式的固守到协同主义的转变、从注重权利的拓展到关注权利救济的转变、从注重终局救济到重视过程救济的转变等。此外，作者还提出了确立独立救济机制的主导地位、扩大包括复议和异议在内的诉中救济方式的适用范围、实现各救济方式的功能分流、加强各救济方式的程序建构、梳理各救济方式之间的内部关系、建立各救济方式之间的过滤机制和衔接机制等对策建议。

本书即将出版，我由衷高兴，这是作者对我国民事诉讼现行立法部分思考的一个阶段性总结。期待作者继续深入本领域探索，进一步拓展研究视域，为民事诉讼法研究的繁荣发展做出自己的贡献。

是为序。

廖永安

湘潭大学法学院教授　博士生导师

2023 年 7 月

目　录

第一章　绪论 ……………………………………………………（ 1 ）

　　第一节　研究背景 ………………………………………………（ 1 ）

　　第二节　文献述评 ………………………………………………（ 5 ）

　　第三节　研究意义 ………………………………………………（ 7 ）

　　第四节　论题界定和研究框架 …………………………………（ 9 ）

第二章　当事人民事诉讼权利的救济机制概述 …………………（ 12 ）

　　第一节　当事人民事诉讼权利救济机制的含义界定 …………（ 12 ）

　　第二节　当事人民事诉讼权利救济机制的基本结构 …………（ 19 ）

　　第三节　当事人民事诉讼权利救济机制的适用对象 …………（ 25 ）

　　第四节　当事人民事诉讼权利救济机制的价值 ………………（ 38 ）

第三章　当事人民事诉讼权利救济机制运行现状 ………………（ 46 ）

　　第一节　当事人民事诉讼权利救济方式 ………………………（ 46 ）

　　第二节　当事人民事诉讼权利救济配置 ………………………（ 66 ）

　　第三节　当事人民事诉讼权利救济系统构造 …………………（ 75 ）

　　第四节　当事人民事诉讼权利救济机制运行的结果分析 ……（ 85 ）

第四章　比较视野中的民事诉讼权利救济机制 …………………（94）

　　第一节　大陆法系诉讼权利救济机制运行的基本理念…………（95）

　　第二节　独立救济及附带救济并行的模式……………………（97）

　　第三节　附带救济的"一元"模式 ……………………………（111）

　　第四节　我国当事人民事诉讼权利救济机制运行模式…………（115）

第五章　当事人民事诉讼权利救济机制完善之法理……………（118）

　　第一节　当事人民事诉讼权利救济机制运行的因循原则………（118）

　　第二节　当事人民事诉讼权利救济机制运行的理念维度………（129）

　　第三节　当事人民事诉讼权利救济机制运行的结构取向………（137）

第六章　当事人民事诉讼权利救济机制完善之路径……………（144）

　　第一节　确立独立救济机制的主导地位………………………（144）

　　第二节　救济机制适用对象范围的界定………………………（154）

　　第三节　诉讼权利救济机制的功能分流………………………（163）

　　第四节　诉讼权利救济机制的程序建设………………………（174）

　　第五节　救济机制内部结构关系的梳理………………………（185）

结　　语………………………………………………………………（195）

参考文献………………………………………………………………（197）

致　　谢………………………………………………………………（212）

第一章 绪 论

第一节 研究背景

人类发展史，也是一部人类权利发展史。从古罗马法开始，立法者就将主体权利作为立法的核心内容。古今中外的学者，从法学家到哲学家，再到社会学家，他们对权利的研究既充满激情，又不失理性，从多维的角度对权利进行了极具深度的多元解读。在很多学者眼中，法学研究即以权利为主要内容的研究。到了近代，法学大师在著述中感性呐喊，理性思辨，要求真诚关心个人权利，认真对待权利。[①] 耶林说，如同野草一般自然形成的法是浪漫主义空想，法是一个实力概念，一切权利都面临着被侵犯、被抑制的危险，要积极主张权利，为权利而斗争。[②] 可以说，权利的研究从来都是法学各领域的热点，也是不同时代的永恒话题。权利对学者的吸引力，源自权利对于作为主体的人的重要意义。现代社会里，我们更是"以权利为术语来谈论对于我们最为重要的事物，并将大部分社会争执都归结为权利冲突"，同时，基于权利的主张不断增加。[③]

---

① ［美］罗纳德·德沃金. 认真对待权利［M］. 北京：中国大百科全书出版社，2006：243.

② ［德］鲁道夫·冯·耶林. 为权利而斗争［M］//胡海宝译. 梁慧星. 民商法论丛（第2卷）. 北京：中国法制出版社，2000.

③ ［美］玛丽·安·格伦顿. 权利话语：穷途末路的政治言辞［M］. 周威译. 北京：北京大学出版社，2006：5.

设置救济机制，赋予权利以救济保障，是认真对待权利的表现之一。"诉讼是权利的动态体现。"① 诉讼法最基本和最原始的意义是调整诉讼程序、保障法律权利（实体权利）的程序样式，也规定了"某些可以被称为程序权利的东西"②。此种程序权利就是诉讼法的本体性权利，即诉讼权利，是当事人参与诉讼、获得程序主体地位的重要依据，理应成为立法者和司法者眼中必须认真对待的权利。但是，"尊重和保护权利，不是一件轻松的事情"，"它要求为个人意愿和利益与公共意愿和利益的协调创设足够的价值空间和制度空间"③。民事诉讼过程中，考虑到程序促进、诉讼效率的要求，当事人诉讼权利可能受到来自法院职权行为，特别是程序性裁决行为的不当干预和影响。为诉讼权利提供完善而科学的救济机制，是诉讼权利从应然走向实然的重要条件。成熟的民事诉讼法制，不但要关注当事人实体利益，也要设置一整套精细的救济制度为诉讼权利行使提供全面保障。我国民事诉讼法总则所确认的民事诉讼制度目的和法院职责，都包含了保障当事人诉讼权利的要求。《民事诉讼法》第 2 条规定，民事诉讼法的任务之一是保护当事人行使诉讼权利；第 8 条规定，法院在

① ［意］彼德罗·彭梵得．罗马法教科书［M］．黄风译．北京：中国政法大学出版社，2005：80.
② ［英］J. A. 乔罗威茨．民事诉讼程序研究［M］．吴泽勇译．北京：中国政法大学出版社，2008：50.
③ 夏勇．权利哲学的基本问题［J］．法学研究，2004（3）.

审理民事案件时，"应当保障和便利当事人行使诉讼权利"。^① 上述条文是对当事人诉讼权利保障的立法宣示。但是在实践中，受"重实体、轻程序"的传统观念影响，一些重判决实体结果、轻诉讼过程中法院行为控制的思维和做法依然存在，^② 一些影响当事人诉讼权利的失当或有瑕疵的职权行为在诉讼进行过程中不能及时得到矫正。现行立法中，民事诉讼中的救济机制多基于实体利益视角，以实体权利保障为核心，有关当事人诉讼权利的保障制度如何构建、诉讼权利受到侵损时如何展开救济等制度并不完善。一些诉讼权利因无救济或救济配置不当而被虚置，较大地影响了当事人程序主体地位，同时也附带影响了当事人实体权利的保障。

　　在某种程度上，诉讼权利救济制度发展完善的过程即为当事人程序地位保障加强的缩影，"认真地对待当事人诉讼权利"需要有精细的诉讼权利救济机制与之匹配。法律程序的成功改革有赖于诉讼制度的综合性改革，有赖于各配套制度之间、程序制度各组成部分之间的综合性协调。^③民事诉讼程序结构设计与诉讼权利救济机制紧密相连，民事司法程序改革

---

　　① 从民事诉讼法对当事人程序利益保护的角度来看，1982 年《民事诉讼法（试行）》第 2 条所规定的民事诉讼法的任务主要着眼于当事人实体权利，并没有涉及当事人诉讼权利保护问题；该法第 5 条要求法院"保障诉讼当事人平等地行使诉讼权利"，虽然有明确保护诉讼权利的基本要求，但是根据该条文的立法语境，以及结合当时的经济社会背景，该条文的关注点在于强调法院在程序中为当事人提供平等的保障，意图使被告和原告程序地位平等，并非纯粹地指向"诉讼权利的保障"。随着立法对程序保障理念、对诉讼权利认识的深入，1991 年《民事诉讼法》第 2 条有关民事诉讼法的任务新增"保护当事人行使诉讼权利"的规定，第 8 条新增"人民法院审理民事案件，应当保障和便利当事人行使诉讼权利"的基本表述，并一直沿用至今。2018 年修订的《人民法院组织法》亦新增第 6 条，概括性地规定了法院要"遵守法定程序，依法保护个人和组织的诉讼权利和其他合法权益"。从人民法院组织法对法院职权约束的制度变迁视角来看，1979 年人民法院组织法就要求法院在审理民事案件时，保护公民的"人身权利、民主权利和其他权利"，其中历经三次修改（1983 年、1986 年和 2006 年）都保持了这一表述。按照这种表述，当事人诉讼权利是以"其他权利"来涵摄的。2018 年修订的《人民法院组织法》不但在第 1 条直接确认该法为规范法院行使职权，保障法院依法履行职责的立法目的，更是在法律中直接确认了法院保障诉讼主体的诉讼权利的要求，即第 6 条直接规定了法院要"以法律为准绳，遵守法定程序，依法保护个人和组织的诉讼权利和其他合法权益"，第一次在宪法性法律文件中确认法院要遵守程序，保护诉讼权利的规定。

　　② 参见李燕，胡月. 我国民事诉权司法保障的实证考察与完善路径［J］. 人权，2021（5）；廖永安. 法院诉讼行为要论［J］. 法学家，2003（2）.

　　③ 傅郁林. 修订我国民事诉讼法的基本思路［J］. 东吴法学，2004 秋季卷.

离不开当事人诉讼权利救济机制的综合性完善和深层次改革。

现行诉讼权利救济机制存在一些待完善的地方，如救济结构方面，供当事人在诉讼展开过程中选择简易救济的机会较少，程序更为繁杂的判决后救济、上诉和再审在诉讼权利救济过程中的地位过于突出。在诉讼权利救济措施的配置层次方面，某些诉讼权利救济过度，而某些诉讼权利则有救济不足或缺乏救济的情况。异议、复议、上诉和申请再审等作为诉讼权利的具体救济方式，其操作设计亦需完善。一方面，上诉和再审对诉讼权利救济介入过多，且其操作规则也多基于实体权利保护的视角设计；另一方面，异议和复议作为诉讼权利的基础性救济方式，两者的操作规则并没有前后一致的体系化规定。此外，诸救济方式的功能定位不够清晰，需要进一步明确适用范围、确认作用边界、避免功能交叉重叠；各救济方式作用空间较为封闭，缺少对相关救济方式之间衔接耦合关系的考虑。这可能带来诉讼权利救济成本较高、救济启动不便等系列后果。为凸显当事人程序主体地位，立法对扩大当事人诉讼权利范围保持了较高的关注度，但当事人诉讼权利的配套保障、救济机制的建构难以匹配诉讼权利范围扩大的步伐；判决后对诉讼权利终局救济的限制不多，适用面广，诉讼展开过程中，包括异议和复议在内的基础性简易救济适用范围较为有限。法院程序指挥权的规范行使有利于提高诉讼效率，但重视当事人的程序参与、关注诉讼权利的救济，仍然需要摒弃"新职权主义"①的倾向。故此，民事诉讼程序框架内，非常有必要对诉讼权利救济机制进行深层次的结构优化和调整，确立救济机制适用的基本法理，明确各种救济方式的功能定位、完善各种救济方式的程序设计，理顺各种救济方式之间的关系，科学建立起契合民事诉讼目的、满足当事人期待的、符合民事审判规律的诉讼权利救济机制，为诉讼权利提供全面而精细的程序保障。

---

① 刘荣军.民事诉讼中"新职权主义"的动向分析 [J].中国法学，2006（6）.

第二节 文献述评

总体而言，就如何完善民事诉讼中的权利救济机制，提升当事人程序主体地位，学界对此已有一定关注，但其研究多是综合性的，较少从诉讼权利保障的视角进行探索。研究领域集中于上诉、再审制度。江伟教授等认为，要确保一审中心地位，限定上诉条件，进一步理顺一审与上诉审的关系[①]（2002）；傅郁林教授认为，对民事诉讼诸救济方式，要开放一审程序，对上诉适度抑制，在原则上要关闭再审[②]（2005）；齐树洁教授则认为，在全球"接近正义"运动和司法改革的背景下，要完善上诉制度运作的一般原理、结构与功能[③]（2006）；周晖国认为，再审是纠错机制，要通过提高一审、二审质量，来增强对当事人权利的保护[④]（2006）；等等。

有关诉讼权利独立救济机制的研究，即有关异议和复议制度的研究屈指可数。除管辖异议外，以异议[⑤]和复议为题的研究论文不多，更无专著进行深入研究。在异议研究方面，管辖异议研究最为深入，如张卫平教授在《管辖权异议：回归原点与制度修正》（2006）一文中论及管辖的过度救济问题，还在《论民事诉讼法中的异议制度》（2007）一文中提出了要扩大异议适用范围，以全面覆盖法院的程序性裁决的观点。在复议研究方面，廖永安（2008）、杨翔（2021）等教授认为，诉讼权利的救济应该是全面救济，同时要防止救济过剩的问题；而复议可强化对法院行为的规

[①] 江伟，廖永安. 论我国民事诉讼一审与上诉审关系之协调与整合 [J]. 法律科学，2002 (6).
[②] 傅郁林. 论民事上诉程序的功能与结构 [J]. 法学评论，2005 (5).
[③] 齐树洁. 民事上诉制度研究 [M]. 北京：法律出版社，2006.
[④] 周晖国. 民事再审制度理论与实务研究 [M]. 北京：人民法院出版社，2006.
[⑤] 本书研究范围并没有纳入民事执行程序。

制、提高诉讼效率和办案质量、提升程序的意识[1]，故可扩大复议适用。黄娟博士在《当事人民事诉讼权利研究》（2009）中简略地提及，对诉讼权利救济要进行分流，对当事人诉讼权利有影响的法院职权行为，要允许当事人在本次程序内提起救济；同时，文中还论及诉讼权利再救济问题。卢鹏在《民事裁定复议制度的检讨与重构》（2010）一文中提出，要发挥复议在民事程序中的功能，扩大复议适用范围；此外，肖国耀、李志强也分别在《论当事人诉讼权利的保护》（2001）、《民事诉讼当事人诉讼权利研究》（2006）两文中也论及诉讼权利救济机制，提出有关完善措施。我国台湾地区学者沈冠伶基于法院程序性裁决约束的视角，在《诉讼权保障与裁判外纷争处理》（2008）中谈到了当事人诉讼权利的抗告、上诉及再审的救济。根据笔者对有关外文资料、学者翻译等文献的查阅，对于诉讼权利救济机制进行系统研究的专门论著也很少见，多以某种具体救济方式的阐释为视角进行论述，如《美国上诉程序》（柯芬，2009）、《美国联邦上诉法院的裁判之道》（弗兰克·克罗斯，2011），以及德国学者卡尔·奥古斯特·贝特尔曼教授的《声明不服和撤销：对于民事诉讼法的法律救济的正确理解》。

总体上，有关诉讼权利救济的研究呈现出如下特点：其一，多以判决后的终局救济视角切入，欠缺程序正义的思维。学者们固然意识到了上诉和再审是诉讼权利救济体系的重要组成部分，但并没有认识到，诉讼权利的诉中救济对于程序正义原则的贯彻具有更重要的意义。其二，研究集中于上诉和再审的理论与实践，过度忽视异议和复议制度及理论的研究。其三，注重单个救济方式的研究，极少有系统性的研究。目前，除同题硕士

---

[1] 廖永安，雷勇. 论我国民事诉讼复议制度的改革与完善 [J]. 法律科学，2008（3）；杨翔，雷勇. 论我国民事诉讼复议制度之演变与完善 [J]. 湘潭大学学报（哲学社会科学版），2021，45（1）.

论文①（2009）对此有涉及外，系统地探索异议、复议、上诉和申请再审的相互联系和运行规律的论著较为罕见。学者们的研究更侧重于对个别救济方式进行完善的具体阐释，对各救济方式的内部关系如何协调、功能如何衔接等方面的研究较少。

第三节　研究意义

一、理论研究的意义

第一，从实体正义的传统转向程序公正的视角。与"重实体、轻程序"的传统对应，学界虽然对上诉、申请再审等救济方式有大量著述，但切入视角多以实体正义为中心，聚焦于实体权利救济；以当事人诉讼权利救济、程序公正为中心的系统阐释较少。但是，诉讼权利救济制度的不完善，不但影响诉讼本身的顺利进行，也影响实体利益的实现。诉讼权利救济的专题研究将有助于进一步贯彻程序正义理念、加强诉讼权利的保障。第二，从以"诉讼权利拓展"为研究重点向以"权利救济拓展"为重点转变。过往研究多关注当事人诉讼权利范围的平面拓展，忽视诉讼权利纵深的保障和救济。诉讼权利的范围拓展、数量增加，虽可解决"诉讼权利贫困"的问题，但不能根本提高当事人的程序主体地位。因为，如果诉讼权利缺乏救济保障，其单向度的范围拓展将难有实效。诉讼权利救济的专门性研究专注于诉讼权利"救济贫困"问题分析和对策分析，可于一定程度上拓宽诉讼权利研究范围。第三，从救济方式的分裂阐释转向救济机

---

① 该文阐释了救济机制的意义和立法现状，提起一些颇具价值的措施建议。该文认为诉讼权利救济机制是各救济方式的总和；并不认为异议是诉讼权利的救济方式，对诸救济方式进行的是混同式阐释。雷勇.当事人民事诉讼权利救济机制研究［D］.湘潭：湘潭大学，2006.

制的系统研究。救济机制运行的平台是救济系统，虽然救济机制的完善离不开诸具体救济方式的个体诠释，但纯粹的分裂式研究不足以理顺各救济方式之间的关系，也不能很好地解决各救济方式功能交叉等问题。诉讼权利救济的专门性研究运用系统分析方法，有个别的阐释，更注重各救济方式之间的功能协调和整合研究，从而有助于建构起诉讼权利保障的"防火网"。第四，提出了要"从诉讼权利的附带救济转向以独立救济为主导的、以附带救济为辅的双轨救济体系"的建议。扩大独立救济方式适用范围，完善包括异议和复议在内的独立救济方式，为诉讼权利提供及时的、迅捷的和低成本的救济。

二、实际应用的意义

第一，为诉讼权利救济机制的科学运行提供参考。现行立法中，各救济方式的衔接有待完善。在可操作性上，除上诉和申请再审有体系化制度外，异议和复议操作程序的规范性有待完善。本书对各救济方式的价值目标、配置原理、逻辑关系等方面拟作深层次研究，将有助于各救济方式之间的结构调整，促进诉讼权利救济机制的科学运行。第二，为民事诉讼法的进一步完善提供参考。民事诉讼法多次修改，但总体上仍对权利救济重视不够。诉讼权利救济的专门性研究，可促使立法像重视实体权利保障一样，"更加认真对待程序中的诉讼权利"，为未来进一步完善民事诉讼制度提供可资参考的素材。

第四节　论题界定和研究框架

一、研究论题的界定

本书的研究论题是"当事人民事诉讼权利救济"，由于当事人诉讼权利、法院职权行为的多样化特征，诉讼权利救济绝非某种单一性的救济方式所能承担，而是由诸多救济方式组成的救济系统来承担此功能。宏观上，按照现行法，依据救济启动的主体不同，当事人诉讼权利救济系统包括当事人启动的救济、法院启动的救济和检察院启动的救济三个子系统。不过，三个子救济系统的地位并不等同。其中，当事人启动的救济系统占主导地位，其他为辅助性救济系统①。各救济系统地位的差异源自民事诉讼的基本结构和民事纠纷的基本特性。从民事诉讼的基本结构而言，两造平等对立、自我攻防是民事诉讼秉持的基本理念，任何外界力量的主动介入都会打破、损害双方力量的平衡；从民事纠纷的基本特性而言，民事纠纷多是私权纠纷，奉行意思自治、权利平等、自我处分等原则，故在涉及与当事人实体权利紧密联系的诉讼权利上，亦采自我处分之规则，即是否救济、如何救济交由当事人自主衡量。在民事诉讼程序中，如救济启动由法院或者检察院主导，当事人自我救济反而成为辅助机制的话，当事人程序主体地位就会被削弱，民事诉讼基本格局就会被破坏。所以，在救济系统中，当事人自我启动的救济是一种主导性救济。本书研究范围就聚焦于当事人启动的救济系统。

此外，从广义上而言，依据救济程序的不同，民事诉讼权利的救济机

---

① 一些学者甚至主张，要取消法院的救济。

制还包含当事人在非讼程序和执行程序中启动救济。本书的研究，即"当事人民事诉讼权利救济机制研究"①，仅限于民事诉讼程序，不涉及非讼程序和执行程序中有关当事人程序性权利的救济。同时，从侵犯诉讼权利的主体来看，有主导程序进行的法院，也有与其发生实体争议的对方当事人。本书以规范法院审判权力运行、避免其侵损和干预诉讼权利运行为视角，主要探索利用救济机制对法院行为进行规制和约束的问题。从更具体的角度而言，诉讼权利的救济机制是一个由包括异议、复议、上诉和申请再审在内的各救济方式构成的系统，其中，各救济方式相互区别的功能构造、相互联系的运行规律是本书对救济机制研究的核心内容。

二、研究的基本框架

本书主体内容包含了六个部分，基本上是按照理论基础、分析现象、界定问题、分析问题、提出对策方案的脉络进行具体论证的。

第一部分内容：绪论。分析问题提出的背景、问题研究的意义和采取的研究方法。

第二部分内容：当事人民事诉讼权利的救济机制概述。本部分内容主要是界定当事人诉讼权利救济机制的含义和基本结构；分析救济机制适用的对象；阐述诉讼权利救济机制的基本价值。

第三部分内容：当事人民事诉讼权利救济机制运行现状分析。问题界定是提出对策方案之前提。本部分主要分析当事人诉讼权利救济机制运行的问题，如救济整体结构方面的问题，即诉中救济和原审救济偏少，异议备受冷落，复议扩而不张等；判决后的审级救济和终局救济覆盖面较宽，上诉适用面较宽，再审弹性较大；救济措施配置均衡度的问题，一些诉讼

---

① 为便于表述，如无特别说明，后文中出现的"诉讼权利救济机制"或"当事人诉讼权利救济机制"均指"当事人民事诉讼权利的救济机制"；本书涉及的诉讼权利亦均指民事程序中的诉讼权利。

权利救济过度，一些诉讼权利的救济缺位；救济系统构造方面的问题，诉中救济规则线条较粗，条文分布较为零散，各救济方式功能定位不太清晰，存在重叠现象，救济方式之间缺少必要的衔接与过渡机制。

第四部分内容：比较视野中的诉讼权利救济机制分析。本部分主要在比较视角下，分析对我国民事诉讼法有重要影响的，以德国、日本和法国为代表的大陆法系国家的诉讼权利救济机制运行模式。主要介绍以德国和日本为代表的"双轨金字塔式"救济机制运行模式和以法国为代表的"一元金字塔式"救济机制运行模式的基本内容、特点等。同时分析了我国的当事人诉讼权利救济机制运行的混合"梯状"模式。

第五部分内容：当事人民事诉讼权利救济机制完善的法理分析。本部分主要分析我国民事诉讼权利救济机制完善的法理遵循，即确立救济机制运行原则，包括普遍救济原则、有限救济原则、用尽普通救济原则、救济相称原则等；完善并发展诉讼权利救济机制运行理念，如从独重诉讼权利拓展到并重诉讼权利救济强化，从突出程序终局后的附带救济到重视程序展开中的独立救济等；实现诉讼权利救济机制结构的优化，如理顺救济层次、夯实救济"塔基"、完善救济"塔尖"等内容。

第六部分内容：当事人民事诉讼权利救济机制完善之路径。本部分内容包括：（1）以异议和复议为核心构建诉讼权利的独立救济体系，确立独立救济机制的主导地位。（2）扩大救济机制的适用对象范围，处理好救济范围和救济例外的关系，在分别考虑法院职权行为类型、案件性质、程序类型等因素的基础上适度限制救济范围。（3）实现救济机制的功能分流，突出各救济方式价值目标的差异性，区分各救济方式的功能定位。（4）加强各救济方式的程序建设，尤其是要规范异议和复议的操作方式，在程序利益保障的目标下完善上诉和再审的程序建设。（5）梳理救济机制内部结构的关系，在各救济方式之间建立救济过滤机制和救济衔接机制。

第二章　当事人民事诉讼权利的救济机制概述

第一节　当事人民事诉讼权利救济机制的含义界定

无严格的概念，便不能清楚、理性地思考法律问题。[①] 哈特认为，概念虽然仅涉及语言对某类事物和其他类事物之间作界分的问题，但定义如"什么是法律"等问题仍然使人烦恼，因为并非总能找出这种定义，定义也"并非总是一清二楚"。[②] 黑格尔也认为概念是"一种规定性"[③]，规定性的确定是进入与法律概念有关的其他问题的前提。虽然权利救济的概念还没达到存在无止境的理论争议的程度，但也确为本论题的困惑之一，笔者认为，其含义的界定是进一步解释、论述诉讼权利救济机制等细节制度的基础性工作、先决性问题。

一、权利救济释义

对于救济及其制度之认识，不同领域内的学者有不同的理解。在社会学的语境中，救济与利益[④]密不可分，与冲突解决联系紧密。他们认为，

---

① ［美］E. 博登海默. 法理学：法律哲学与法律方法 ［M］. 邓正来译. 北京：中国政法大学出版社，2004：504.

② ［英］哈特. 法律的概念 ［M］. 许家馨等译. 北京：法律出版社，2006：1-15.

③ ［德］黑格尔. 小逻辑 ［M］. 北京：商务印书馆，1980：335.

④ 当然，稀缺的权利本身也是一种利益。

社会进程在形式上就是一个由利益冲突和利益协调所驱动的连续过程，救济的前提是权益冲突的存在。① 利益纷争无处不在，冲突是社会生活的常态，也是"社会生命力之所在"②。无论是规范化的救济，还是人类早期形式各异的救济，利益冲突及利益受损是其基本前提。在当代社会，利益冲突不但使私人利益受到影响，也可能使社会陷入无序，因此必须要化解冲突、维护权益。其中，在法律规范确定的框架内，根据利益主体的需要，以法律认可的方式启动救济机制是重要的选择之一。法律术语中的"救济"，《牛津法律词典》将其解释为，一种用以保护、恢复权利的措施，纠正受侵犯权利的、法律上可资使用的方法。③ 《布莱克法律词典》中，救济是法律上用以防止和纠正错误的一种方法和行动。④ 我国学者认为，救济是"权利实现的程序化机制"，认为救济和权利是"两面关系合成的一个整体"⑤。虽然切入角度不同，但是综合上述分析，法律上"救济"的实质意义包括：（1）救济是一种"措施""方法"，或是一种"机制"；语义上可解释为"补救""矫正""实现"；（2）救济以存在"冲突""利益"为前提；（3）救济要在法律框架内，规范性地实施；（4）救济目的是"防止、纠正错误"和"恢复、保护权利"，两者是"一体两面"的关系。

救济制度发展的历史和脉络，就是人类权利发展和保障的历史。自初民社会始，人类就没停止过在经济社会发展的基础上对救济机制建构的探求，从自然状态的自力救济，到第三者力量介入的社会救济，再到由国家控制的公力救济，整个过程，不但是救济机制本身趋向完善的过程，也是人类心智不断成熟、文明不断发展的历程。救济是权利的救济，对完美

---

① ［美］L. 科塞. 社会冲突的功能［M］. 孙立平等译. 北京：华夏出版社，1988：4.
② ［美］L. 科塞. 社会冲突的功能［M］. 孙立平等译. 北京：华夏出版社，1988：6-7.
③ Oxford Dictionary of Law, Oxford University Press, Fifth Edition, p. 423.
④ Black′s Law Dictionary（8thed.），West Group，2004，pp. 4042-4043.
⑤ 程燎原，王人博. 赢得神圣——权利及其救济通论［M］. 济南：山东人民出版社，1998：349.

的、理性救济方式的探寻，也表达出了人类社会对于平息冲突、保护权利、向往平和的美好愿望。虽然大陆法系和英美法系基于自身的司法实践对权利和救济进行了不同诠释，但无论是权利先于救济，还是救济先于权利的理念，都认同权利和救济密不可分。可以说，从人类对自由和权利追求的最朴素感情出发，如何对权利实施救济，如何制定合理的救济制度，如何提升救济的品质，是过去、现在，也是未来"为权利而斗争"的重要内容。基于上述认识，可以将法律上的权利救济定性为：法律规定的，相关主体用以保护权利、防止和矫正侵损行为的措施。

二、机制与救济机制

从语义学角度而言，所谓机制，《现代汉语词典》有下述几个层次的解释：机器构造及工作原理；有机体的构造、功能及相互关系；工作系统各部分之间的相互作用方式等①。机制最初用于机器构造和工作原理的说明，后来又被引入生物学、医学等领域，被广泛借用说明各类自然现象和社会现象，其表明的是系统或有机体的内部组织构造、相互关系及其运行变化规律。② 换言之，机制及其研究包括两方面内容，一是机体的构造，即构成机体各组织单元的基本情况，这是个体的考察；二是机体各组织单元之间的内部关系，这是整体的考察。需要指出的是，虽然前者是作为机体的前提而存在的，是研究机制运行的基础，但是，"个体只有在整体中才具有完全的价值"，机制的整体运行是在各组成要素的配合和协调下进行的。英国哲学家怀特海指出："实在的本质就是不断活动和变化③。"系统论创始人贝塔朗菲也积极推崇机体论思想，要求将有机体当作一个整体

---

① 现代汉语词典 ［M］. 北京：商务印书馆，1996：582.
② 此可参见"百度百科"有关"机制"一词的说明。
③ 魏宏森，曾国屏. 系统论——系统科学哲学 ［M］. 北京：清华大学出版社，1995：81.

来考虑，认为"科学的主要目标就在于发现种种不同层次上的组织原理"①。综上，对于机制，我们可以形成以下认识：其一，机制与有机体联系在一起，有机体虽然是由个体组成，但却是一个整体概念。解释有机体不但要了解其组成部分，而且要考察"它们之间的联系的总和"②。其二，有机体的运行结果形成机制。有机体运行离不开各构成要素的运行，但机制并非仅指单个构成要素的运行，也非单个构成要素运行的简单相加，而是指各构成要素在相互联系中的整体运行。

救济机制是救济系统运行的结果，其表征着构成救济系统的内部结构和各救济方式的内部关系和运行规律。其一，与救济机制联系的有机体是救济系统。系统是"相互作用的诸要素的复合体"③，救济系统作为一种复杂现象包括了异议、复议、上诉和申请再审。其二，救济系统的运行形成救济机制。救济系统的运行包括了单个救济方式的运行，但其主要目标指向是针对救济对象的整个救济系统的运行。其三，考察救济机制不但要研究各具体救济方式的构造特点，更要立足整体视角，考察各救济机制的相互作用。

三、当事人民事诉讼权利的救济机制

具体到当事人诉讼权利的救济领域，诉讼权利的救济是多元而非单一的救济，并由这些多元救济方式组成了诉讼权利救济系统。救济系统并非一个无序、混沌和简单的组合体，在这个系统里，各救济方式应当按照一定原理相对独立、各有分工，同时又有机结合、互相作用。在当事人诉讼权利维护目的的指引下，通过对诉讼权利救济系统的制度性安排，使各救济方式既相互区别又相互联系和作用的格局稳定下来，这就构成了有着自

---

① 魏宏森，曾国屏. 系统论——系统科学哲学［M］. 北京：清华大学出版社，1995：81.
② 魏宏森，曾国屏. 系统论——系统科学哲学［M］. 北京：清华大学出版社，1995：81.
③ 魏宏森. 系统科学方法论导论［M］. 北京：人民出版社，1983：24.

身运行规律的诉讼权利救济机制。综上分析，当事人民事诉讼权利的救济机制可定义为：构成救济系统的各救济方式，在当事人诉讼权利救济过程中所形成的功能构造、相互关系和运行规律的总和。德沃金曾将法律概念分成"规定式概念""社会学概念""类型化概念"和"理想化概念"四种类型。[①] 按照概念的此种归类，当事人诉讼权利救济机制的上述定义应该是"规定式概念"和"理想化概念"的结合。一方面，上述定义建立在实然法的基础上，是对我国民事程序中当事人诉讼权利救济机制的运行特征、现象等方面的某种抽象和概括；另一方面，此种定义并不完全局限于实然法的范围，包含了对当事人诉讼权利救济机制理想状态的一个展望，也就是说，我国民事诉讼权利救济机制仍然是一个处于发展过程中的、需要完善的机制。

（一）诉讼权利救济机制是诉讼框架内的公力救济

救济包括"自力救济、社会救济和公力救济"，当事人诉讼权利救济机制所涉的救济是一种公力救济。在救济方式选择上，民事诉讼权利不同于民事实体权利。实体权利源自包含平等原则、自由原则的实体法，其侵损源自平等的相对方主体，实体法律关系主体可通过寻求多元的救济方式，甚至可以在非法律框架内寻求自力救济或社会救济来保障权利。同时，在一定条件下，法律和司法政策甚至鼓励当事人寻求非诉讼框架内的其他多元的救济方式。相比之下，诉讼权利是诉讼法的本体性权利，侵损相对方不是私法主体，而是源自对程序运行有决定性影响的法院。从侵权行为性质来看，虽然法院行为是出于保护私权而启动的，但其是源自公法上的行为，而非私法行为[②]；从法院本身职能来看，法院是由宪法确定的纠纷解决"专家"，其最重要的价值就是解决各类冲突和矛盾。在法院与

---

① Ronald Dworkin, Justice In Robes, Harvard University Press, 2006, p. 223.

② 廖永安. 法院诉讼行为要论 [J]. 法学家, 2003 (2).

其他主体出现纠纷之后，法院的本身定位决定了其不适宜将自身与其他主体的纠纷交由其他主体解决。更何况，当事人和法院之间的纠纷并非私法纠纷，而是一种基于公法适用所产生的纠纷。从诉讼权利受损的情境而言，诉讼权利受损发生在诉讼程序中，正当程序的内在要求也不允许当事人脱离法定的程序去寻求私力、社会等其他可能的救济。因此，如对法院职权行为表达不服，认为其侵犯了诉讼权利，由诉讼法在诉讼框架内为其提供一整套救济机制是自然推定①。从成本及便利性角度而言，诉讼权利加害主体是法院，侵害事实源自诉讼程序，客观上，也没有必要绕开这套正在运行的正式法律程序，另开其寻求救济的途径。除非，法律框架内的程序被严重破坏，程序运行无法被控制。所以，在法治国家，诉讼权利救济方式不是自力救济，也非社会救济，而是直接依赖于产生诉讼权利的法定程序中的一种救济。② 简言之，在一般情况下，诉讼权利的救济不会脱离于已经展开的诉讼程序。

（二）诉讼权利救济机制是合法性和合规律性的统一

关于诉讼权利救济机制的合法性，主要是指救济机制对主体行为，包括当事人申请救济、法院受理救济申请的规制问题。具体可从两方面来理解：一是指这种机制是一种立法者的主观选择，代表了立法者的一种认识，是由法律所确认的机制。二是指这种机制作为一种法定机制，当事人应在诉讼程序内对其遵守，即当事人对侵损诉讼权利的职权行为声明不服，对诉讼权利提起救济之途径，要在法律给定的救济方式中进行选择。具体而言，救济机制既关涉当事人行为，也关涉司法者的行为。为了给程序主体一种稳定预期，法律必须对这种机制做实定法上的强制安排，构成

---

① 实际上，诉讼程序中，如当事人实体利益受到侵损，也当采取此处理规则。

② 但是，如果法律框架内的权利救济机制功能失灵，也不排除当事人寻求诉讼程序外的其他救济。在我国这种情况时有发生，如信访、申诉、上访等，这些救济方式的适用也反衬了法律程序框架内救济的功能不足。

救济系统的各救济方式的适用规则，各救济方式之间的内部关系，包括相互补充、相互制约的联系，也均须由法律加以明确规定。

从理想化的状态来说，救济机制的设计应该反映一定的规律，尤其是反映救济系统内部各救济方式的规律性联系。但同时，规律体现在实践中需要有一个认识的过程。救济机制所反映的规律性内容需要立法者发挥主观能动性，透过救济方式的表面发现其个体的合理存在和诸方式之间的客观联系。但是，"权力的实践是由时代的思想所支配的"①，囿于立法时所处的环境等因素，实践中的救济机制与应然状态下的救济机制会存在一定差距。从理想角度而言，救济机制的设定应无限接近应然状态。但是，这并不表示实然状态下的、与规律存在差距的救济机制就可以放弃遵循，这种实然状态的救济机制是一种体现实践理性的存在，体现的是一定条件下立法对救济的共同理解和对当时司法实践经验的总结，所以救济机制是一种受规律性指导的合法性实践机制。

（三）救济机制实现了诉讼权利的"法定性"保障

缺少制度化救济的诉讼权利，其运行和保障一直依赖于法院"家长式"关怀。但此种关怀是随性多变的，欠缺理性的。现代民事诉讼制度强化了当事人的诉讼主体地位，防止当事人对法院客体式的身份依赖。确立程序主体身份要求当事人能够独立地"自我行为"，独立地承担"自我责任"。独立地"自我行为"是法律对当事人的授权，通过扩大当事人诉讼权利范围来实现，其使当事人获得在程序运行中更多诉讼行为的能力；而独立的"自我责任"之必要前提是强化当事人自我保护能力，使其有足够的措施以抵御包括法院在内的其他主体不当行为的侵害。因为，"只有

---

① ［德］尼克拉·斯卢曼. 权力 ［M］. 瞿铁鹏译. 上海：上海人民出版社，2005：92.

在为当事人提供充分程序保障的前提下"，"承担自我责任才具有正当性。①"质言之，增强当事人主体性，提升当事人"自我行为"和"自我责任"的能力，与诉讼权利救济机制的科学运行密不可分。

第二节　当事人民事诉讼权利救济机制的基本结构

当事人诉讼权利救济机制的基本结构包括两个方面：一是有机体的构成，即构成诉讼权利救济系统的各组成要素的构造，二是各构成要素之间的相互联系及互动关系。

一、多元化的诉讼权利救济方式

在民事诉讼中，支撑诉讼权利救济机制存在和运行的不是某一种救济方式，而是多种或者说多元化的救济方式。从世界范围来看，各国民事诉讼法为了给诉讼权利提供全面保障，都以多元救济的方式，编制救济网络，构筑救济层次，力求对当事人诉讼权利进行无缝的、精细的和相称的救济。在我国，当事人诉讼权利救济机制的运行也建立在多元化救济基础上，具体包括异议、复议、上诉和申请再审四种救济方式，并由这些救济方式构成了当事人诉讼权利的救济系统。

（一）救济方式多元化的原因

现行民事诉讼法中，当事人诉讼权利救济系统有四种救济方式：异议、复议、上诉和申请再审，呈现出多元化的样态，这源自三方面因素：

---

① 李浩教授认为，"自我责任"是当事人对其在诉讼中作出的积极行为和消极行为所引起的法律后果承担责任。只有在当事人"自我行为"和"自我责任"的条件下，才能推导出当事人作为真正程序主体的结论。李浩. 民事诉讼当事人的自我责任［J］. 法学研究，2010（3）.

其一，诉讼权利的多样化。诉讼权利是当事人参与诉讼程序，实施诉讼行为所具有的权利。为了满足当事人进行正常诉讼行为的需要，在不同诉讼阶段要赋予当事人不同的诉讼权利。尽管有很多国内外学者对诉讼权利的含义有不同理解，但对于诉讼权利的类别、表现形态，都认可其多样化的存在。救济主要是对诉讼权利的保障，以诉讼权利的性质、地位等作为标准，按照需要分别配置不同强度、不同性质的救济方式，这是一种客观必要。也就是说，不同诉讼权利对程序影响不同，那么对当事人寻求的救济途径也应进行区别。按照现行法之规定，如对驳回起诉之裁定，因其影响当事人接受裁判的权利，其救济直接影响到诉讼程序启动与否，关系到当事人实体主张能否在诉讼程序中得到解决，故立法为驳回起诉之裁定配置的初次救济方式就直接设定为上诉；为了提供更深层次的保障，其还可寻求再审救济方式。

其二，当事人救济需求多样化的客观要求。为了及时、适当地满足当事人权益保护需要，必须配置具有不同特点的救济方式。比如，对某些特定的诉讼权利，如果基于某些原因无法以异议方式提起救济，那么可以在后续程序过程中，以上诉甚至以再审方式救济。多元化的救济方式是当事人程序选择权在救济程序中的反映，其提高了救济程序的灵活性，增强了当事人权利保护的弹性。

其三，适应不同诉讼展开过程特点的需要。诉讼权利救济方式的适用，对正在进行的程序将产生一定的阻滞，甚至推翻已经历的程序导致程序反复或反转。但是，立法和司法不能因此而拒绝当事人在诉讼过程中的救济申请。从当事人角度而言，因申请诉讼权利救济产生的程序阻滞，本身就是程序进行过程中的一部分，也是程序保障原则的基本要求。在法院的视角中，只要申请诉讼权利的救济不是基于恶意目的阻碍程序展开，就不能因程序促进的理由而无视当事人的救济需要。"现代民事诉讼是以为当事人提供充分的程序保障为特征的，法律责成法院在诉讼中切实保障当事人程序权利的实现。"① 但是，统筹考虑诉讼促进、效率、成本等因素，须尽力避免因救济带来的程序回溯，出现程序反复或反转。这就要求立法在不同诉讼过程，根据不同诉讼阶段的特点，配置不同的诉讼权利救济方式，尽可能高效和低成本地解决诉讼权利救济问题。

（二）多元化救济方式的分类

现行法律框架内，尽管异议、复议、上诉和申请再审四种救济方式的适用场合、功能定位还不太清晰和理性，但学理上可基于不同标准，参考各救济方式的基本特点做不同分类。

首先，以其适用的程序为标准，可将其分成普通救济和特殊救济。普通救济方式一般是在一审程序和二审程序中适用的救济方式。按照法律规定，对同一诉讼权利，异议、复议以及上诉适用于通常诉讼程序中。其中，异议一般适用于一审程序，复议除一审程序外，还可以出现在二审程序中，而上诉适用于二审程序。申请再审适用的场合是原审裁判生效后的纠错性救济，其适用的程序虽依然采取一审或二审规则，但在启动上严格受限，属于特殊救济方式。立法大多鼓励普通救济的运用，即对普通救济方式的适用往往给予相对宽松而弹性的空间，条件也相对较为简单；而对于特殊救济，因其涉及对法院生效裁判既判力的动摇与挑战，一般只有在无法适用普通救济保障权利的情况下才能适用。各国立法都明确列举了不可任意扩大特殊救济的适用空间，且其启动可能在程序上要经法院审查，条件一般比较严苛。一般认为，如果特殊救济方式适用可无度扩大，则表明其救济机制的运行出现了问题。

其次，以适用的顺位为标准，可将其分成初次救济和再救济。所谓初次救济，是指当事人诉讼权利受到法院裁判侵损时，第一次提起救济所采

① 李浩. 民事诉讼当事人的自我责任 [J]. 法学研究, 2010 (3).

用的方式。再救济方式是在初次救济或者二次救济基础上的一种递进救济方式。根据我国现行法规定，在争讼结构的程序中，尽管适用场合有限，异议和复议①是纯粹的初次救济方式，一般不可能用作再救济方式，如一审案件的地域及级别管辖的异议、简易程序选择适用的异议等，对申请回避、保全行为、先予执行、申请法院调查取证等申请的复议。上诉救济在我国法律中多数情况下作为初次救济方式而存在，例外的情况下也作为再救济方式，如对管辖异议的不服。申请再审一般作为再救济方式而存在。

最后，以适用的诉讼阶段为标准，其可分为诉中的独立救济和终局的附带救济。诉中救济，是指在诉讼展开过程中，因诉讼权利受到法院职权行为的不当侵损而提起的救济。除现行法的几种特殊规定外，诉中救济主要是指异议和复议。两者是在诉讼程序还未结束的情况下，独立地向有关法院提起救济申请。终局救济，是指在法院实体判决后，对受损诉讼权利提起的救济，具体包括上诉②和申请再审。特别值得注意的是，诉中救济是单纯地对受损的诉讼权利进行救济，是诉讼权利的专门救济通道，故诉中救济也是诉讼权利的独立救济方式。而由上诉和再审构成的终局救济主要是针对法院判决、针对实体权利的救济方式，并非诉讼权利的专门救济方式。从当事人角度而言，诉中救济能够即时与法院就行使程序性职权的行为展开对话，快速获得修复程序瑕疵、保障诉讼权利的机会，有力提升当事人对诉讼程序的信赖度。从程序安定性角度而言，由诉中救济赋予当事人即时抗辩的保障，并就当事人抛弃诉中救济进一步设置救济失权的限定③，已开展的程序可获得一种可预期的确定性。在终局救济方式中，诉讼权利救济往往和实体权利救济杂糅在一起，诉讼权利往往隐藏于实体权

---

① 特别值得注意的是，根据我国相关法律和司法解释的规定，对法院执行管辖和执行行为申请异议，其递进的再救济方式却是复议。

② 驳回起诉、不予受理、管辖异议等事项是上诉作为终局救济的三种例外。

③ 也即，在程序进行的救济构造方面可确立诉中救济优于终局救济的理念，如放弃诉中救济，如无特定事由，不能再寻求终局救济。对此内容，后文将有详述。

利救济背后，故也可称之为诉讼权利的附带救济方式。在一个诉讼程序中，对诉讼权利的独立救济可以提起多次，而对诉讼权利的附带救济只能在程序结束后才能提起。终局救济可一次性容纳针对诉讼权利保障的多项救济请求，可以和实体权利救济并行不悖。

此外，从救济程序繁简角度而言，复议和异议是最简易的救济方式，其提起、审理程序简单，适用方便，成本较低；上诉和申请再审属于比较复杂的救济方式，成本相对较高。

二、诉讼权利救济方式的内部关系

诉讼权利救济机制结构中，各具体救济方式的独立建构及独立运行是基础性构成。但是，各救济方式并非孤立的存在，而是与其他救济方式构成一个有机的救济系统。在这个系统内部，各救济方式作为一种相互联系的有机整体而存在，即在遵守一定内部关系准则的前提下，以合法和合规律的方式存在。因此，从根本上说，以个体形式存在于救济体系中的各救济方式只是一个方面，而它们之间相互关系是救济机制结构中尤为重要的部分。

各救济方式虽有合理区分但并非截然对立，虽有自我运行空间但并非相互排斥，在诉讼权利保障的共同目标驱使下，理想状态下的各救济方式之间有着功能互补、相互作用的联系。从系统论角度而言，各救济方式功能定位也绝非一种封闭而孤立的存在，作为救济系统的有机组成部分，其必须在服从整体功能发挥的前提下进行功能定位设计。各救济方式也只有在整体中才能发挥其应有的价值。钱学森曾指出，系统是许多部分所组成的整体，系统概念就是要强调整体是由相互关联、相互制约的各个部分所组成的。① 也就是说，系统由相互作用的诸要素构成，所以系统要想有效

---

① 魏宏森，曾国屏. 系统论——系统科学哲学 ［M］. 北京：清华大学出版社，1995：202.

运行的话，必须理顺其内部诸要素的关系。贝塔朗菲也认为①，系统要从要素累加性和要素组合性两个方面进行理解。累加性是各要素孤立状态的特征和行为的累加，组合性是依赖于系统内部特定关系的特征，真正认识系统，不仅要知道部分，还必须要知道各部分之间的关系。诉讼权利救济机制与救济系统不可分离。正是救济系统组成要素之间的相互联系和作用构成了救济机制。救济系统是相互区别的各具体救济方式多元化的统一，救济机制的科学运行，不但要注意各具体救济方式之间的差异性，而且要认识到各救济方式之间相互依存、相互作用的内在联系。

对此，立法在尊重各救济方式个体性的同时，要将各救济方式置入救济系统中，在保障当事人诉讼权利的目标下，梳理各救济方式在救济系统中存在的规律性联系。对各具体救济方式的认识，只是认识救济机制的起点；但并不存在"纯粹物理叠加的系统"，只有理顺了构成救济体系诸要素之间的内在关系，才是诉讼权利救济机制的真正完善。从权利保障角度来看，无论是某个具体诉讼权利，还是相对于当事人诉讼权利的整体，其保障性的安全网络的建立绝非仅凭单一救济方式就可实现，相反，需各救济方式之间按照一定的原理和规律，进行相互间的有机配合和衔接，才能够实现当事人诉讼权利救济广度和深度的统一。

综上可知，一套健全的当事人诉讼权利救济机制，救济方式的个体完善只是其中一个方面，在系统视野中理顺它们之间的关系、进行整体性完善不可回避。我国民事诉讼权利救济机制的完善也要在整体思维的指导下，从关注救济方式个体的完善转移至救济系统整体完善的思路，科学建构救济系统诸要素的关系，以切实提升当事人诉讼权利救济机制的功能。有关各救济方式之间的关系现状和理想关系状态的构建，后文将予以详细阐述。

---

① [美] 冯·贝塔朗菲. 一般系统论：基础发展和应用 [M]. 林康义，魏宏森译. 北京：清华大学出版社，1987：50-51.

第三节　当事人民事诉讼权利救济机制的适用对象

这里所讨论的救济机制，其适用对象是诉讼权利，更具体地说，是遭受法院职权行为侵损的诉讼权利。如果当事人诉讼权利和法院职权能够和谐互动地推进程序，两者总是能够形成一种平衡的均势，就没有必要启动救济机制。因此，救济机制最初只是以一种警戒性的防御姿态存在，即救济机制的存在可提醒法院规范程序进行中的职权行为，如诉讼指挥行为、诉讼促进行为等，尊重当事人诉讼权利。但是，民事诉讼过程中，如果法院职权行为不当干预或者损及当事人诉讼权利的行使，当事人则可直接援引救济机制，为受损诉讼权利提供实际的救济。在此过程中，无论是救济机制的预防性警戒还是实际性应用，其集中的指向是当事人诉讼权利。一般这种诉讼权利的救济是通过对法院程序性职权行为的矫正来实现的，因此在某种程度上说，诉讼权利的救济和法院的程序性职权行为的约束是"一体两面"的关系。

一、诉讼权利之含义

"权利是贯穿于法的运动过程的法律现象，是最核心的法律要素。法的运动，无论其具体形态多么复杂，但终究不过是围绕权利这一核心要素而展开。"[①] 当事人诉讼权利是救济机制所适用的对象。分析和理解救济机制的状况，离不开对当事人诉讼权利的深入考察。具体到诉讼权利实质内涵的界定，和"权利是什么"的问题一样，其界定存在诸多困惑。正是由于其难以定义，我国民事诉讼法学教科书大多回避对这样一个问题的

---

① 舒国滢. 权利的法哲学思考［J］. 政法论坛，1995（3）.

专门解答。学界往往只是在涉及民事诉讼法律关系分析时，才泛泛地指出其作为民事诉讼法律关系内容的基本存在。

从制度到理论，我国民事诉讼法对大陆法系，尤其是对德国民事诉讼法的借鉴颇多。但"诉讼权利"一词却基本上是本土生成的概念，继受色彩较少。在善于抽象思维的德国①，除了有诉权和当事人具体权利的表达外，鲜有学者专门使用"诉讼权利"一词。德国法律上有"程序基本权"的表述，程序基本权是"当事人诉讼权利的总和"，如同实体基本权在于保障当事人在人格上有无限发展之可能一样，"程序基本权"目的在于保障当事人在诉讼上的程序主体地位。② 在20世纪前半叶，为确保裁判正义与正确，德国基本法明文将当事人合法听审权入宪，听审权"具有宪法最高位阶的性质"；合法听审权不但有了普通程序法层次的救济，也有宪法层次的救济。在听审权项下，包括了当事人的受通知权、陈述权等一系列具体权利。③ 虽然法定听审权射程较大，并非指代当事人的某个具体诉讼权利，但其也仅仅是某特定部分的"当事人诉讼权利的集合表达"而已，无法全部覆盖我国立法和理论上所指称的当事人诉讼权利。所以，德国民事诉讼理论上的"程序基本权"与我国民事诉讼理论上的当事人诉讼权利有较大的区别。

在日本，比较接近当事人诉讼权利的概念为"当事人权"，即当事人作为诉讼主体地位而应当被认可的程序上的各种权利。④ 韩国的民事诉讼法学理论同样也使用"当事人权"概念，认为当事人权是当事人根据诉讼主体地位，而在民事诉讼中享有各种程序权利的总称。因此，"对当事

---

① 近年来，我国学者，如赵秀举、陈刚、傅郁林、周翠、李大雪等，翻译了大量域外民事诉讼法学专著和论文。正是基于这些译者的翻译和再创作工作，笔者才得以有机会较深入地接触德国等国家的民事诉讼法学理论，于此一并致谢。

② 江伟，邵明，陈刚. 民事诉权研究 [M]. 北京：法律出版社，2002：439.

③ 姜世明. 民事程序法之发展与宪法原则 [M]. 台北：元照出版公司，2003：57-58.

④ [日] 新堂幸司. 新民事诉讼法 [M]. 林剑锋译. 北京：法律出版社，2008：89.

人权的保护也就是对程序进行保障"。当事人可依据当事人权监督程序运行，促使法院做出公正而迅捷的裁判。包括证明权、阅览权、复印诉讼记录权、申请判决权、辩论权等在内的权利，都是具体的当事人权。[①] 我国台湾地区，也少有学者使用"诉讼权利"的表述，学界多在诉权的层面使用"诉讼权""当事人权""诉讼行为之权"，且这种"诉讼权"内容含义一般在"宪法"层面拓展，被定性为一种人民权利遭受损害时，依据正当法律程序请求法院救济的受益权[②]；或认为诉讼权是"由'宪法'直接保障"的，但如何行使仍然是由程序法所规定的[③]。但这并不代表域外民事诉讼法制及理论漠视当事人在诉讼程序中的权利。实际上，域外法律中关于当事人在诉讼中的权利，是从高位阶的诉权展开，直接衍生出在诉讼程序中的具体权利，中间并没有诉讼权利这一概念的过渡。所以，域外有关诉权的研究内容非常丰富，程序中某些具体权利的研究成果也非常多。

在我国，诉权与诉讼权利是经常并行讨论的一对概念。对我国影响较大的"二元诉权说"，就以起诉权、反诉权、答辩权等当事人具体的诉讼权利进行阐释。柴发邦教授曾认为，"诉权应当包括法律规定的当事人在诉讼过程中享有的全部权利，如提证权、辩论权、处分权"等，"诉权主体必须同实体案例有利害关系"，"具备了这些联系就有诉权"[④]。自20世纪末以来，基于对诉权与宪法关系的认识，诉权开始被定性为一种"基本权利"，即"法律赋予当事人在发生民事纠纷时，进行诉讼、寻求司法救济的基本权利"；[⑤] 江伟教授也明确提出，诉权理应为宪法上的"基本权

①　[韩] 孙汉琦.韩国民事诉讼法导论 [M].北京：中国法制出版社，2010：109.
②　沈冠伶.诉讼权保障与裁判外纷争处理 [M].陈刚等译.北京：北京大学出版社，2008：4-5.
③　杨建华.民事诉讼法问题研究（三）[M].台北：三民书局，1997.
④　柴发邦.中国民事诉讼法学 [M].北京：中国人民公安大学出版社，1992：281.
⑤　何文燕.民事诉讼理论问题研究 [M].长沙：中南工业大学出版社，1996：122；吴英姿.诉权理论重构 [J].南京大学法律评论，2001春季号：148-154.后文认为，诉权为宪法上的"基本权利"，属于"人权范畴"。

利"，诉权应由宪法确认;① 宪法必须确定"国民享有的诉权及保护性规定"，以"昭显诉权的宪法性地位和价值"。② 而宪法学者对诉权问题的关注，更进一步推动了诉权理论研究的深入，如莫纪宏认为，诉权是"绝对性的宪法权利"，是现代社会当事人对抗权力、不能剥夺的"第一制度性的人权"。③ 自此，诉权在理论上逐渐从单纯的民事诉讼法概念中抽离出来，在宪法视角下被深度解读。

对于程序法中的诉权，可借用一句话——不是直接作为"宪法规定的问题"，而是作为"具有宪法价值的问题"提出来的。④ 当然，如果诉权自始就是宪法意义上的一种权利，那么诉讼权利就是根据宪法权利的半影理论，依据诉权，在社会生活与司法实践衔接的部位提出的具体概念。诉权是"提起诉讼和延续诉讼"的"道德权利"，而诉讼权利是"诉讼进行中"的权利，前者为因，后者是果。⑤ 如无各项具体的、可以实施的诉讼权利，当事人就无法成为诉讼主体，无法充分地参与程序，⑥ 诉权的价值也将大打折扣。在这个意义上，诉讼权利就有了实践诉权的具体内容的价值。换言之，从诉讼权利和诉权概念之联系而言，民事诉权应为宪法的上一级概念，⑦ 诉讼权利是诉权向民事诉讼程序过渡的中间概念，当事人在民事诉讼中的具体程序性权利的集合为诉讼权利。这些具体诉讼权利以当事人不同形态的诉讼行为作为载体。舒国滢教授认为，从行为角度认识权利是较为科学的一种方法，在法律上，行为是衡量法律主体资格或能力有

---

① 江伟，邵明，陈刚. 民事诉权研究 [M]. 北京：法律出版社，2002：38，142-149.
② 江伟. 探索与构建：民事诉讼法学研究（上卷）[M]. 北京：中国人民大学出版社，2008：84.
③ 莫纪宏. 现代宪法的逻辑基础 [M]. 北京：法律出版社，2001：301.
④ [法] 让·文森，塞尔日·金沙尔. 法国民事诉讼法要义 [M]. 罗结珍译. 北京：中国法制出版社，2005：109.
⑤ 周永坤. 诉权法理研究 [J]. 中国法学，2004（4）.
⑥ 苗连营. 公民司法救济权的入宪问题之研究 [J]. 中国法学，2004（5）.
⑦ 在某些国家，诉权甚至作为一种"自然权利"提出。[法] 让·文森，塞尔日·金沙尔. 法国民事诉讼法要义 [M]. 罗结珍译. 北京：中国法制出版社，2005：109.

无的标志。没有实际的行为，就没有法律关系。① 当事人诉讼行为呈多样化特征，民事诉讼权利也呈现出多样化态势。

具体到当事人诉讼权利的概念，黑格尔曾经隐晦地表达出了对这种权利的理解，他说，"法律程序使当事人有机会主张他们的证据方法和法律理由"，使法官得以在此基础上"洞悉案情"，"这些步骤本身就是权利"。② 即黑格尔认为，当事人在法律程序中将诉讼权利与当事人诉讼行为联系在一起，当事人的程序行为需要程序权利的支撑，并反映程序权利。在我国，通说认为，所谓诉讼权利，是指"诉讼法律关系主体所享有的实施一定行为的可能性"，包括主体可自己实施诉讼行为和要求他人实施诉讼行为的权利，同时还包括了救济权。③ 还有一些学者将其定义为，"以诉讼行为为载体""实施诉讼的权利"。④ 依上述分析，当事人诉讼权利可表述为，为保障诉讼程序顺利进行，法律赋予当事人实施诉讼行为的可能性。首先，诉讼权利是一种程序性权利。这种程序性权利支撑着当事人的诉讼行为，拥有一定数量的诉讼权利并获得相称的保障，是当事人成为程序主体的基本条件。其次，诉讼权利是权利的集合。当事人在诉讼过程的具体权利形态多样，诉讼权利表述的是一个权利集合体。最后，诉讼权利是诉讼行为之前提。如无诉讼权利之规定，当事人就无法进行相关的诉讼行为。因此，诉讼权利是当事人诉讼行为的前提，当事人诉讼权利的救济就是当事人诉讼行为主体资格之保障。

二、诉讼权利的类型化分析

行为表征和反映权利，诉讼程序中，当事人有太多具体的诉讼行为形

---

① 舒国滢. 权利的法哲学思考 [J]. 政法论坛，1995 (3).
② [德] 黑格尔. 法哲学原理 [M]. 范扬等译. 北京：商务印书馆，2009：231.
③ 江伟，汤维建. 民事诉讼法 [M]. 中国人民大学出版社，2000：34.
④ 黄娟. 当事人民事诉讼权利研究：兼谈中国民事诉讼现代化之路径 [M]. 北京：北京大学出版社，2009：26.

态，其对应的民事诉讼权利的体系及其类型化分析，也是难以概括和抽象的。但这也是一个受到理论漠视的基础性问题，① 学者对民事诉讼权利体系分析的表面化和简易化，深深影响了诉讼权利体系化的构建，当然也影响到诉讼权利救济机制的建立。因为，不同的诉讼权利，对诉讼程序及对当事人实体利益的影响是不同的，完善诉讼权利救济机制，很有必要对诉讼权利进行类型化分析。

日本学者新堂幸司将当事人权分为移送申请权、除斥申请权、忌避权、指定日期申请权、求问权、责问权、撤诉权、放弃或认诺请求权等。② 韩国学者将其概括为两个方面的权利，即当事人作为诉讼主体地位上的权利和由辩论主义及处分权主义派生的权利，前者包括指定日期申请权、受传唤权、受送达诉状请求权、判决请求权、求问权、移送诉讼申请权、除斥或忌避申请权等；后者包括处分诉讼标的权，如确定请求对象及其范围权、放弃和承认请求权等。此外，当事人还享有辩论权以及对判决申请不服的权利（上诉权、异议权）等。③ 第七届国际诉讼法大会认为，当事人诉讼权利及其保障包括以下内容：程序通知权、听审权、有效性权利保护请求权、公正程序请求权等。④

国内学者对诉讼权利的分类有三种切入角度：形式分类、实质性分类以及综合性分类。形式分类一般是根据当事人诉讼行为的形式、诉讼发展阶段所进行的分类；实质性分类一般选定一个超越程序外在形式的切入点进行分类；综合性分类是前述两者分类的综合。形式分类，如以主体作为分类标准，包括当事人诉讼权利、法院诉讼权利、参与人诉讼权利等；以时间作为分类标准，包括庭审前的诉讼权利、庭审中的诉讼权利、执行中

① 张晋红，余明永. 民事诉讼改革与当事人诉讼权利的检讨和完善 [J]. 法学评论，2000 (6).
② [日] 新堂幸司. 新民事诉讼法 [M]. 林剑锋译. 北京：法律出版社，2008：89.
③ [韩] 孙汉琦. 韩国民事诉讼法导论 [M]. 北京：中国法制出版社，2010：110.
④ 江伟，邵明，陈刚. 民事诉权研究 [M]. 北京：法律出版社，2002：439-455.

的诉讼权利等。实质性分类，如从诉讼权利之功能及目的出发，将诉讼权利分为实体性诉讼权利和救济性诉讼权利;① 从诉讼权利行使与法院之关系出发，将诉讼权利分为程序请求权与程序形成权两种类型;② 以诉讼权利作用的范围和对象为依据，将诉讼权利分成实体形成面的诉讼权利和程序形成面的诉讼权利。③ 综合性分类，如江伟教授将当事人基本的诉讼权利分为程序参与权和程序选择权，其中程序参与权包括接受程序通知权、听审权;程序选择权包括诉讼程序事项的处分权、责问权、程序选择适用权、审理方式选择权、法庭审理形式选择权、双方协议选择管辖法院、协议撤诉、协议选择不上诉等权利形态。④ 我国台湾地区学者对诉讼权利做了比较典型的综合性分类。在广义的角度，我国台湾地区学者将当事人诉讼权利分为接近法院权、程序地位保障权、适时裁判请求权、权利有效保护请求权、听审请求权、程序平等权、公正程序请求权及正当法律程序权等。接近法院权源自"台湾地区宪制性规定"，实为接受裁判权;程序地位保障权主要是指法官的独立审判，是"诉讼权之组织保障"，包括法定法官及其独立审判等;适时裁判请求权涵盖了要求法院适时启动审理、尽快指定辩论日期、要求合并或分开审理等权利;权利有效保护请求权包括要求法院有效率地进行程序、对所有主张进行审查、不得漏判等方面的权利;听审请求权包括受通知权、陈述权（其又包含事实及法律陈述、证明权、阅卷权、发问权等）、辩论权、要求法院释明权等;程序平等权包含要求有与对方当事人一样的平等地位、能够请求司法援助、排除证明妨碍等权利;公正程序请求权则是一个弹性的权利集合体，基本上其他没有进

---

① 廖永安，雷勇. 论我国民事诉讼复议制度的改革与完善 [J]. 法律科学，2008 (3).

② 陈桂明，李仕春. 论程序形成权——以民事诉讼权利的类型化为基点 [J]. 法律科学，2006 (6).

③ 李志强. 民事诉讼当事人诉讼权利研究 [D]. 河北大学，2006.

④ 江伟. 探索与构建：民事诉讼法学研究 (上卷) [M]. 北京：中国人民大学出版社，2008：86-89.

入上述类别的诉讼权利，均可归入公正程序请求权。①

当事人诉讼权利的类型化分析对当事人民事诉讼权利的体系化研究大有裨益。诉讼权利类型化分析是开放式的，也是有价值取向的，不同分类都与一定的价值判断相联系。在我国学界，一般将诉讼权利分为处分实体权利的权利及不处分实体权利的纯程序性权利。② 一般认为，前一诉讼权利直接指向实体利益的处分，对于当事人十分重要，这些权利包括当事人起诉和反诉的权利，调解及和解权利，放弃、变更和承认诉讼权利请求的权利等；后一诉讼权利虽然也关系到实体权利的维护，但并不直接指向实体权利之处分，比如辩论权、回避申请权、证据权利、陈述权、受通知权等。对直接指向实体利益处分的诉讼权利显然要给予高强度的救济，因为这种救济对实现当事人的诉讼目的十分重要；但这并不意味着，对没有直接指向实体权利处分的诉讼权利，一律只能给予浅层次、低强度的保护。在纯程序性的诉讼权利范畴中，也包括了由强行法规定的诉讼权利、涉及当事人重大程序利益的诉讼权利、一般性诉讼权利。强行法规定是法院和当事人必须绝对遵守，不得任意变更、放弃的规定，如由《人民法院组织法》确定的审判人员资格、合议庭组成、回避申请等规定，这些事由关涉到审判组织之构成，也直接涉及当事人诉讼权利保障的问题。对上述事项，法律并不许可也不承认救济的放弃，而且要采取高强度救济。涉及当事人重大程序利益的诉讼权利，是指可能影响诉讼程序的进行、中断或终结，或者可能极大地影响当事人期待得到的实体利益的诉讼权利，如当事人的受通知权、出庭权、申请调取重要证据的权利等。对涉及当事人重大程序利益的诉讼权利，也要采取高强度的救济。此外，当事人在诉讼过程

---

① 沈冠伶.诉讼权保障与裁判外纷争处理 [M].北京：北京大学出版社，2008：4-32.

② 杨荣新.民事诉讼法学 [M].北京：中国政法大学出版社，1997：151；在我国民事诉讼法学的各类教科书上，几乎都有这种分类观点的呈现；我国立法虽然没有直接涉及当事人诉讼权利的分类，但也规定，对于某些特定的诉讼权利，要求当事人亲自行使，或者经特别授权，委托代理人才可行使。

中的一般性诉讼权利，如陈述权、阅卷权、指定日期申请权、保全申请权、案件合并审理申请权等，可采取低限度的救济。质言之，不同的诉讼权利对当事人的诉讼目的有不同的影响和价值，在救济配置上，也须依据诉讼权利的类别和性质，结合具体案情，分别采取不同的救济配置。对当事人一般性的诉讼权利，可以满足当事人最低限度的救济为主，无须采取高强度的救济措施；反之，如果诉讼权利的侵损直接指向当事人实体利益维护和处分、违反强行法之规定，则可采取高强度的救济。

三、诉讼权利需要救济机制的保障

"法律是从准允救济开始"，也是从允许行为开始，隐藏在行为和救济背后的是权利。[①] "没有救济可依的权利是虚假的，犹如花朵戴在人的发端是虚饰。花朵可为人添美，但虚假的权利只能是伪善。"[②] 如同实体权利一样，诉讼权利的存在也以其自身的安全性作为基础，需要保障，因此离不开救济。同时，在诉讼过程中，诉讼权利救济与实体权利救济又存在很多不同。实体权利的侵损事实一般在法院判决、原审程序结束后才发生；侵损事实往往是法院终局的实体裁判行为，这种侵损事实一般也只有一个，故实体权利救济更加注重终局救济，一般采取上诉和申请再审的方式救济。

诉讼权利救济的实践基础是诉讼过程中无处不在的法院职权行为、无处不在的程序性裁决的客观事实。在诉讼过程中，受法院程序性裁决影响和侵损的诉讼权利不是孤立的偶然，而是频发的常态。[③] 诉讼权利的侵损事实可出现在诉讼的任何阶段，可发生多次；侵损事实一般源自法院的程序性裁决行为，故对诉讼权利而言，不但要有包括上诉和再审在内的终局

---

① ［美］罗斯科·庞德.普通法的精神［M］.唐前宏等译.北京：法律出版社，2001：144.

② 程燎原，王人博.赢得神圣——权利及其救济通论［M］.济南：山东人民出版社，1993：368.

③ 廖永安，何四海.民事诉讼当事人异议的法理分析［J］.法学杂志，2012（12）.

救济，更要有不同于实体权利的、包括异议和复议在内的诉中救济。所以，诉讼权利的救济机制不能完全套用实体权利的救济机制，更不能只注重实体权利救济机制的建设，而忽视了诉讼权利救济机制的建设。

（一）无处不在的程序性裁决

诉讼中，最重要的法律关系是国家和当事人各为一方的法律关系；最重要的诉讼行为不是当事人向对方而是向法院完成的，法院行为也是针对当事人进行的。[①] 为了促进程序运行，基于审判权、诉讼指挥权等，法院不但要在诉讼的最后阶段作出实体性判决，还须对诉讼运行各阶段的程序性事项进行程序性裁决等行为，进而影响当事人诉讼权利。所谓程序性裁决[②]，是指在诉讼过程中，法院对关系到诉讼程序运行的程序性事项所做出的裁决。程序性裁决是法院审判权和诉讼指挥权具体行使的体现，也是法院推进程序进行的手段。与实体性判决相比较：其一，指向的对象不同，实体性判决指向的是当事人之间的实体权利义务纠纷，程序性裁决一般直接指向对程序展开有直接影响的事项，虽然其可能影响当事人实体权利，但对当事人诉讼权利的影响是最直接的。其二，发生的时间段不同，实体性判决通常发生在诉讼结束的后期，程序性裁决事项一般发生在诉讼展开过程中。其三，产生的数量不同，实体性判决一般情况下只有一个，而程序性裁决可能有很多，且其数量根据案件、适用的程序不同而有所不同。其四，表现形式不同，实体性判决以判决形式表现，而程序性裁决则呈现出多样化特点，包括裁定、决定、命令等。其五，救济的手段不同，实体性判决的救济手段为上诉、申请再审；程序性裁决的救济手段包括异议、复议、上诉和再审。

狭义上的程序性裁决是指法院作出的、法律有明确形式要求的程序性

---

① ［德］罗森贝克等．德国民事诉讼法［M］．李大雪译．北京：中国法律出版社，2007：11.
② 陈瑞华教授将此法院行为定性为"程序性裁判"。但民事程序中，因异议对象不含法院判决，所以，本书采用了"程序性裁决"一词。陈瑞华．程序性裁判中的证据规则［J］．法学家，2011（4）.

职权行为，如裁定、决定、命令等；广义上的程序性裁决行为，除狭义事项外，还包括其他形式多样的程序性处分行为，如通知、责令或指令等程序性处分行为，甚至是不成文件、可能被记载或没有被记载的法院要求等。从主体角度而言，这些程序性职权行为大多是由审判组织，即合议庭或者独任庭作出的，也有部分是由审判辅助人员，如书记员，甚至是法警作出的。我国台湾地区学者认为，法院行为包括由审判长、受命推事、受托推事所为的裁判行为，如判决、裁定、处分，还有目的在辅助并推动裁判的其他行为，如诉讼指挥行为、职权探知行为、调查证据行为等。① 在刑事诉讼理论中，陈瑞华教授将程序性裁判视为"审判中的审判"，认为此种法院职权行为无处不在，"永远无法穷尽司法实践中的程序性裁判的具体形态"，也无法"提供一个标准的、公式化的裁判程序"。② 这种情况同样出现在民事诉讼程序中，法院程序性裁决行为繁多，无法枚举和概括。如前文所述，为了推进程序，在诉讼展开过程中，法院还存在很多不以裁定、决定、命令等形式进行的程序处分行为，仅用"法院程序性裁决"一词不足以完全涵盖法院对当事人诉讼权利有重要影响的职权行为，故在某种程度上，以"法院程序性职权行为"的表述更为妥适③。

虽然从 1991 年《民事诉讼法》开始，立法确认了民事诉讼法的基本任务包含"保护当事人行使诉讼权利"，新增了法院审理民事案件"应当保障和便利当事人行使诉讼权利"的规定，但总体上，除了少许列举性的救济规定，立法对法院可能影响当事人诉讼权利的程序性职权行为并没有概括性的准允救济的规定。

关注和重视诉讼程序的运行，一个重要的方面就是要对上述法院的程序性职权行为予以严格规制，尤其在这些行为可能影响当事人诉讼权利的

① 陈荣宗，林庆苗. 民事诉讼法 [M]. 台北：三民书局，1996：456.
② 陈瑞华. 程序性制裁理论 [M]. 北京：中国法制出版社，2005：312-313.
③ 下文表述中，本书也以"程序性职权行为"的表述来概括。

情况下，更应设置"一系列诉讼程序救济机制对其违法行为予以矫正和补救"。① 我们必须认识到，"诉讼主体的诉讼行为构成了富有生机的程序内容"。作为诉讼主体，法院的职权行为是"诉讼行为的重要组成部分"，裁定、决定和命令等法院程序性职权行为的一般性特点是：无须当事人参与、听审和辩论。也正因为如此，其非常容易影响当事人诉讼权利。对于受这些法定的、有名或无名的程序性裁决影响的诉讼权利，我国法律只是部分地为其配置了救济措施。为切实保障当事人的诉讼权利，宜将这些行为概括性地纳入可救济范畴。

（二）相对单薄的诉讼权利

当事人和法院是民事诉讼程序中的两个基本主体，诉讼权利和法院权力有对立统一的关系，审判权力可限制诉讼权利，诉讼权利反之也制衡审判权力，并因此共同推进民事诉讼的运作和发展。② 这种有关法院和当事人地位的基本叙述也体现了当事人诉讼权利和法院职权的基本关系。但必须承认的是，在我国，法院职权作用于诉讼权利和诉讼权利作用于法院职权的力度大小不同，范围广度并不一样。在力度上，法院职权行为作用于诉讼权利的力量往往超过诉讼权利的反作用力。诉讼指挥权源自法院的民事审判权，并以国家强制力作为保障。诉讼权利的行使受制于法院的程序指挥权。虽然，学理和立法都强调要淡化程序推进过程中的"职权进行主义"，但当事人诉讼权利的行使依然较为被动——在程序进行过程中可能要接受法院审查和裁决，如果不能赋予当事人对法院审查及裁决结果的救济资格，当事人就无法积极地反制法院的程序性职权行为。在广度上，法院职权行为作用于诉讼权利几乎是全方位和全覆盖的，职权因素对诉讼权

① 廖永安.法院诉讼行为要论［J］.法学家，2003（2）.
② 廖永安.论当事人诉讼权利与法院审判权力的对立统一［J］.湘潭大学学报（哲学社会科学版），1999（3）.

利的影响和作用几乎无处不在；相比之下，当事人诉讼权利只能通过救济机制被动作用于法院职权，范围较窄。

程序性裁决是法院指挥程序进行的必要手段，对诉讼权利的行使有重要影响。一般认为，法院程序性裁决不符合法律规定，损及当事人程序权利，即构成程序违法。[①] 程序违法带来的程序利益损害，虽不排除法院自我审查并自我纠错的可能，但不能完全将纠错付诸法院的自律。事实上，完全期待违法主体自我矫正的程序也并非一个严谨的程序。其一，不能绝对地说，法院在任何情境下都能及时发现自身程序行为的错误。其二，法院的自我约束受到多重因素影响。若法院自我纠错和检视自身行为的内驱动力不足，便可能存在程序推进中忽视当事人诉讼权利受损的情况，疏于修复有瑕疵的诉讼程序。其三，是约束程序指挥权力的要求。"权力在社会关系中表征能动而易变的原则"，"未受到控制"的权力类似于"自由流动、高涨的能量"，"具有破坏性"。[②] 作为程序运行的管理者，法院有能力将自身意志附加于当事人行为，而为诉讼权利配置救济则赋予了当事人制约法院行为的可能。其四，当事人对法院裁决信赖之需求。即使法院程序性职权行为无误，也需要建立一种提升法院程序性裁决信赖度的机制。诉讼过程中的法院诉讼指挥行为、程序性裁判行为，不但可改变当事人之间的攻防力量对比，也和实体判决一样，最终影响当事人实体利益。如果"不给当事人任何的声明权、异议权或责问权的话，可能会造成职权进行主义的独行，到时候会影响当事人对争讼处理的信赖"[③]。所以，诉讼权利的救济机制一方面体现为诉讼权利的保障，另一方面则体现为法院

---

① 刑事诉讼理论认为，"程序性违法、程序性裁判、程序性制裁"以动态的方式强化和审验着程序的独立性和自治。樊崇义等. 刑事诉讼法再修改理性思考 [M]. 北京：中国人民公安大学出版社，2007：272.

② ［美］E. 博登海默. 法理学：法律哲学与法律方法 [M]. 邓正来译. 北京：中国政法大学出版社，1999：360.

③ 民事诉讼法研究基金会. 民事诉讼法之研讨（七）[M]. 台北：三民书局，1998：352.

行为的外部制约机制。

救济适用的对象是受法院程序性裁判等行为影响的当事人诉讼权利，救济机制与法院职权行为密不可分，是一种法院职权行为投射下的救济。裁判作为"公权性质的断定"①，是集中体现法院权力的行为形式，这种权力内容既包括了事实认定，亦包括了程序控制。救济机制是实现当事人和法院之间力量平衡的重要支撑。法定的救济机制赋予当事人在程序进行中诉请法院纠正不当裁判等行为的资格，使当事人有能力和勇气与法院共同参与诉讼程序的过程控制。诉讼过程中法院权力总是面临滥用、逾越正义和道德界限的诱惑，这是无法抗拒的"附在权力上的咒语"②。只有获得匹配法院程序指挥权力的防御能力，诉讼权利才可实现从纸面的法定权利到事实的实体权利的过渡。救济机制就是这样一种系统的防御机制和保障措施。

第四节　当事人民事诉讼权利救济机制的价值

价值问题是法律科学所不能回避的但又非常困难的问题，即便是最粗糙、草率的关系调整和行为安排，其背后都有对相互冲突和重叠的利益进行评价的某种准则。③ 同时，"价值的规则"是检验法律制度日益有力、重要的标准，不仅要有"分析性态度"，更要以"功能性态度"来认识和对待制度。④ 民事诉讼程序的价值包括内在价值和外在价值两个基本类

---

① 江伟. 民事诉讼法（第五版）[M]. 北京：中国人民大学出版社，2011：270.
② [美] E. 博登海默. 法理学：法律哲学与法律方法 [M]. 邓正来译. 北京：中国政法大学出版社，1999：363.
③ [美] 罗斯科. 庞德. 通过法律的社会控制：法律的任务 [M]. 沈宗灵，董世忠译. 北京：商务印书馆，1984：55.
④ [美] 本杰明·卡多佐. 司法过程的性质 [M]. 苏力译. 北京：商务印书馆，2000：44.

型,① 但总体上,民事诉讼程序的价值应该是多元的。② 诉讼权利救济机制的价值分析虽脱离不了外在价值和内在价值两个角度的表述,但其具体的价值目标也是多元的。

一、实体保障机制

当事人诉讼权利救济机制为诉讼权利筑起了安全网络,也为当事人实体权利的实现提供了保障。因为,诉讼权利也是"一种负担与责任",当事人"放弃诉讼权利"往往意味着实体上的"败诉或其他不利后果"③。为诉讼权利提供的救济,能够在更大程度上排除实体败诉的后果。诉讼权利保障是程序正义的重要内容,在这个层面上,罗尔斯也相信,虽然完美的程序正义罕见,但纯粹的程序正义绝对可以提供一个确定"结果是否正义的标准",严格执行和恰当地遵守程序,其结果也将更为正确和正当。④

从诉讼程序与实体权利的关系而言,学界已普遍认同民事程序有其内在的、独立的价值,非实体的服务法。但诉讼多源于实体权利冲突,在当事人立场上,不能脱离民事实体权利保护的目的去谈其他目的,绝对脱离实体的程序价值或程序规则也是不存在的。一些学者甚至认为,离开实体权利,程序保障"微弱得可以忽略不计"⑤。在西方民事诉讼法律理论中,程序性权利救济往往和实体权利保护并列讨论。也就是说,经由程序运行得到的实质公正,与程序运行本身的外观公正同等重要。法国学者若斯兰认为,诉讼本身就与法律赋予程序主体的实现实体权利保护的各种方法联系在一起,其所包含的起诉、抗辩、上诉、提出事实等方法,构成了实体

---

① 肖建国. 民事诉讼程序价值论 [M]. 北京:中国人民大学出版社,2000:95.
② 江伟. 民事诉讼法专论 [M]. 北京:中国人民大学出版社,2005:58.
③ 王亚新. 社会变革中的民事诉讼 [M]. 北京:中国法制出版社,2001:42.
④ [美] 罗尔斯. 正义论 [M]. 何怀宏等译. 中国社会科学出版社,1988:79-81.
⑤ R. Dworkin, A Matter of Principle, Oxford:ClarendonPress, 1985, pp.73-103. 转引自陈瑞华. 走向综合性程序价值理论 [J]. 中国社会科学,1999 (6).

权利实现及证实的保障。[①] 有德国学者直白地主张，"诉讼本身不是目的"，消除争议，以诉讼"实现权利保护才是目的"[②]，因此，诉讼权利的精细救济在某种意义上就是实体权利保护的延伸，诉讼权利的保障程度直接影响实体权利的保护力度。进入争讼程序后，双方当事人争议的实体结果无法超越程序，所以要重视程序运行以及当事人在程序中的诉讼权利保障。

民事权利义务争议进入诉讼的过程，也是当事人私力处理让位于公力裁判，以规范性的程式化解纠纷的过程。在由法定程序确定的相对封闭的诉讼空间内，除非当事人和解或放弃权利，法院则当然地获得了对实体权利的最终也最有权威的判断权。因此，基于自我责任原则，当事人要承受说服裁判者的负担，以期获得对自身有利的实体判决。这种说服不但建立在事实和证据的基础上，还需通过诉讼权利的行使来实施。在由法院、当事人共同参与的司法空间中，如果当事人诉讼权利的保障不够充分，或者欠缺救济保障，则当事人阐释主张的各种机会就会受到挤压，实体败诉的概率也将增加。总而言之，在诉讼程序中，实体权利的主张、处分等均依赖于当事人诉讼权利的行使，在这个层面上，诉讼权利救济有利于实体权益的保障。

二、对话交涉机制

法律商谈是法庭运行程序的重要组成部分。[③] 民事诉讼程序是一个激烈对话的场合，程序是制度化的交涉过程。[④] 民事诉讼程序需要交换意见、

---

① [法] 路易·若斯兰. 权利相对论 [M]. 王伯琦译. 北京：中国法制出版社，2006：33.
② [德] 迪特尔·莱波尔德，弗·莱堡. 当事人的诉讼促进义务与法官的责任 [J]. 德国民事诉讼法学文萃：388.
③ [德] 哈贝马斯. 在事实与规范之间 [M]. 童世骏译. 北京：三联书店，2003：286.
④ 季卫东. 法治秩序的建构 [M]. 北京：中国政法大学出版社，2000：21.

充分对话，"对话性"是民事诉讼程序的基本价值之一。[①] 人们及社会对司法正义和程序公正的看法，以及法院本身权威的建立，要求法院真诚地考量和倾听当事人意见。[②] 美国社会学家和心理学家的一项研究结果表明，当事人在评价程序是否公正时有几个重要的标准：发言与参加的机会、对当事人的尊重及法庭的中立性等。[③] 整个诉讼程序在对话中展开，这种对话不但发生在当事人之间，也发生在法院和当事人之间，且法院的最终裁判也建立在对话交涉梳理和总结的基础上。

诉讼程序中的当事人有说服法院之负担。如果说当事人行使诉讼权利，出示证据、证明自己的主张和观点是"取悦"法院的对话，则当事人对法院职权行为声明不服，对受法院干预和侵损的诉讼权利提出救济，即是一种否定性对话。"取悦"性交流固然重要，但仅有说服取悦，不足以保障法院和当事人地位的平等，当然也不能进行充分的交流和平等的对话。对于程序正义，有一项几乎没有争议的内容，即利益受到影响的程序主体都应有机会阐释立场。[④] 平等对话是双方意见的互换，并非某一方意志的独立表达；诉讼程序中的平等对话包含了同意的附和，也要包容当事人在程序进行中的不同"异见"。服从法院指挥行为，接受法院的程序性裁判行为，此为赞同性对话；对程序性裁判行为表达不服和寻求救济，此为否定性对话。在剧场化诉讼空间里，对法院程序性裁判，如只存在当事人无条件地遵从，只存在不可论理的执行，此不但意味着当事人程序话语权的剥夺和诉讼主体身份的丧失，也意味着法院对程序的专断和裁判的

---

① 江伟. 民事诉讼法学原理［M］. 北京：中国人民大学出版社，1999：177；有关程序的对话功能，还可以参见孙笑侠. 程序的法理［M］. 北京：商务印书馆，2005：32.

② ［美］奥斯汀·萨拉特. 布莱克维尔法律与社会指南［M］. 高鸿钧等译. 北京：北京大学出版社，2011：484.

③ ［日］谷口安平. 程序的正义与诉讼［M］. 王亚新等译. 北京：中国政法大学出版社，2002：101.

④ ［德］莱茵荷德·齐柏里乌斯. 法学导论［M］. 金振豹译. 北京：中国政法大学出版社2007：57.

恣意。

当事人程序利益的保障，必须"注意加强当事人的对话能力"①。当事人救济是对侵损诉讼权利的法院职权行为不服的声明，"异见"的表达；完善的救济机制能使当事人稳定地获得对法院程序性职权行为表达不服的法定方式和机会，获得与法院平等对话的能力。目前，强化诉讼主体的诉讼促进义务、提升程序效率和加强程序管理已是各国民事司法之趋势，对有强职权主义传统的我国民事程序而言，更需重视提升司法效率和尊重当事人程序利益方面的平衡。在此过程中，加强诉讼权利救济机制之建立，拓展和保障当事人与法院的交流和对话空间，显得更为重要。法院必须朝"去威权化、透明化与实质平等化"之方向，与当事人建立"对话沟通式平台"②。允许作为对话方式的救济存在，有助于法院更好地了解当事人的真实意思，反思和矫正自己的职权行为。在某种程度上而言，排斥诉讼权利的救济，就是排斥当事人与法院的对话。完善诉讼权利的救济机制，也是完善一种促进法院自省的机制和当事人与法院的对话交涉机制。

三、实质参与机制

现代社会中的权力及权威是"开放的和参与性的"，即鼓励协商，欢迎批评，以相对人同意作为合理性的检验标准③；同时，当事人是程序过程及程序结果的利益攸关方，必须能够富有意义地参与到影响他们利益的决定之中去④。故大多国家的民事诉讼法将当事人参与视为诉讼程序的基

---

① 民事诉讼法研究基金会. 民事诉讼之研讨（十二）[M]. 台北：三民书局，2004：67.
② 沈冠伶. 诉讼权保障与裁判外纷争处理 [M]. 北京：北京大学出版社，2008：21.
③ [美] 诺内特，塞尔兹尼克. 转变中的法律与社会 [M]. 张志铭译. 北京：中国政法大学出版社，1994：111.
④ [美] 迈克尔·D. 贝勒斯. 程序正义：向个人的分配 [M]. 邓海平译. 北京：高等教育出版社，2005：157-158.

本原则。当事人参与状况是评价程序品质的必要标准。诉讼权利救济机制能够通过制约法院职权行为来保障当事人参与程序治理的机会，增强当事人参与的力度和广度。

一方面，救济机制提升了当事人参与程序的力度。程序运行源自当事人和法院的共同推动，两者都是程序的参与者。在职权进行主义的诉讼程序中，当事人的被动参与多过了主动参与，主要表现为当事人对法院的消极配合。特别是对影响当事人诉讼权利的法院职权行为，法律或限制当事人不服的声明，或缺失表达不服的途径。构建起完善的、能够全面覆盖当事人诉讼权利的救济机制，使当事人能够选择不同的救济方式，以便当事人在不同的诉讼阶段，方便、及时向法院表达不服意见。从这个角度而言，诉讼权利救济机制的有效运行，增强了当事人程序参与的力度。对于法院而言，以开放、包容的心态接受当事人参与程序治理，允许当事人救济受损的诉讼权利、"非议"自身有瑕疵的程序行为，此为法院接受当事人实质参与程序的重要内容。同时应该认识到，要"在更高水平上实现公正与效率相统一"，提升程序推进过程中当事人的"认同感""获得感"，法院的实体判决和程序决策都应该赋予当事人行为空间，充分尊重当事人诉讼权利，赋予受损诉讼权利救济的机会，并积极修复、纠正失当的程序性职权行为。立法上，完善的当事人诉讼权利救济制度和法院权力 制约机制，在实质上鼓励了当事人主动参与程序过程。

另一方面，诉讼权利救济机制的有效运行可拓展当事人程序参与的空间。具体案件中，诉讼法所营造的"场"的"空间范围"是一定的。当事人和法院在"场"内都有一定的活动空间。当事人活动范围就是诉讼权利行使的空间范围，法院行为范围就是公权力行使的权限范围。如缺少救济机制的制约，法院的职权行为将挤压当事人诉讼权利行使的空间。经由救济机制对法院职权行为的制约和限制，可以保障、拓展当事人诉讼权利行使的空间，扩大当事人程序参与的广度，并可在"场内"监督法院相关的职权行为。

四、权力控制机制

在诉讼程序中，欠缺有效制约的法院将拥有迫使当事人接受其意志、服从其行为的强势力量。如此，一旦"法律程序开始运转起来"，当事人对诉讼程序的控制"就不再是不可动摇的了"①。"要保证权力在正确轨道上运行"②，就需要"监督有力的权力运行机制"。基于权力实践的历史，在民事诉讼程序中，要依赖健全的制度确保法院对当事人诉讼权利保持尊重。程序中，不受制约的法院职权行为将异化为对当事人、对诉讼权利的专横。③ 在这个意义上，救济机制就是法院瑕疵行为的矫正机制，也是一种权力制约机制。如同其他领域的控权模式，诉讼权利救济机制是"权利制约权力"的控权模式在诉讼领域内的实践。霍尔姆斯说，"制约可能是力量的渊源"④，诉讼权利救济机制对法院职权所形成的制约，也是当事人实质参与诉讼程序的力量来源。

现代裁判是"制度化了、精密地技术化了的机制"。⑤ 与此相适应，诉讼中也需要一种精密的、用以矫正法院程序性职权行为的控制机制，以防止诉讼程序沦为法院独白的舞台。现行民事诉讼法中，当事人较少有参与程序性裁量过程的机会，这使诉讼进行中的裁量程序呈现"明显的行政程序特征"，少了基本的诉讼形态上的特点。这种缺少制约的法院职权行

---

① ［美］米尔伊安·R.达玛什卡.司法和国家权力的多种面孔：比较视野中的法律程序［M］.郑戈译.北京：中国政法大学出版社，2004：164.

② 习近平总书记在第十九届中央纪委四次全会上的讲话，2020年1月13日。

③ 程燎原，王人博.赢得神圣——权利及其救济通论［M］.济南：山东人民出版社，1998：356.

④ 转引自郑大华，邹小站.中国近代史上的自由主义［M］.济南：社会科学文献出版社，2008：453.

⑤ ［日］川岛武宜.现代化与法［M］.申政武等译.北京：中国政法大学出版社，1994：159.

为显然不符合"程序正义的最低要求"。① 诉讼权利的救济和法院职权的制约是统一的。矫正法院有瑕疵的不当职权行为，是对法院职权的制约，也是实现诉讼权利有效救济的基本路径。在诉讼程序中嵌入评判和矫正法院职权行为的机制，这可使法院的最终决策能够建立在不同观点的基础上。所以，诉讼权利救济机制，在某种程度上也可表述为法院权力的制约机制和法院行为的矫正机制。大陆法系国家的民事诉讼制度中，当事人诉讼权利救济的全部内容，基本呈现为对法院职权行为的控制和矫正；当事人对法院职权行为的异议、控告、法律抗告或再抗告等，就是对当事人诉讼权利的救济和保障。作为一种权力制约机制，诉讼权利救济机制可使当事人在诉讼程序中摆脱对法院的客体性依赖，彻底获得诉讼主体的"名与实"，在两者之间维持一种相互制约的平等关系，形成一种可自我调适、自我修复的诉讼生态结构。从这个角度来看，诉讼权利救济机制并非技术上的外力介入，而是保持当事人诉讼权利和法院公权力的平等关系之必要。

---

① 陈瑞华.程序性制裁理论［M］.北京：中国法制出版社，2005：33.

第三章 当事人民事诉讼权利救济机制运行现状

对于我国民事诉讼法而言，强化当事人诉讼权利的保障、加强法院职权行为的制约非常重要，深入开展诉讼权利救济理论的论证梳理、完善相关制度的建构也是当务之急。因此，有必要采取一定措施和对策完善诉讼权利救济机制，扩大当事人诉讼权利救济广度，强化诉讼权利的救济力度。

第一节 当事人民事诉讼权利救济方式

从允许救济提起的时间角度，诉讼权利救济方式可划分为诉讼进行过程中的救济和判决后的救济，前者可简称为诉中救济，后者可简称为终局救济。诉中救济包括一审程序进行过程中的救济，也包括二审程序进行过程中的救济；终局救济包括一审结束后或二审结束后的救济。所谓当事人诉讼权利救济结构主要是指诉中救济和终局救济对比结构，这种救济结构直接影响到诉讼权利的保障力度，反映了诉讼权利的保障状况。

近年来，虽然制度层面比较关注当事人诉讼权利，但是程序工具思维并没有彻底消除，诉讼权利救济结构不够均衡。这主要表现在：救济体系对判决结果的关注多过对程序运行的关注，对实体权利的关注多过对诉讼权利的关注，对判决后诉讼权利救济的关注多过对诉讼中救济的关注，司法中的程序公正理念、过程公正意识需要进一步强化。在上述因素综合影响下，诸救济方式功能发挥有待进一步提升。

一、诉中救济的适用面偏窄

诉中救济适用的阶段为诉讼已经启动、本案诉讼尚未结束时，对受法院程序性职权行为损害的诉讼权利单独提出的救济，而非与终局判决一起进行的附带救济。诉中救济的客体为当事人诉讼权利，一般不直接指向本案诉讼的实体请求，故此种救济方式也可概括为诉讼权利的独立救济方式。以德国为代表的大陆法系民事诉讼制度中，其诉中救济制度比较健全，适用率非常高。确立诉中救济的基本依据是：如果将判决结果视为一种产品，那么，运行的程序就是"生产的流水线"，判决结果就是程序运行产生的"产品"。高质量的"产品"离不开高标准的"生产线"，低品质运行的程序势必影响结果的精确度和公信度，影响当事人对结果的接纳度和认同度。所以，确立诉中救济，允许对在诉讼进行中的受损诉讼权利提起即时救济，能够高效修复程序瑕疵，及时纠正法院失当的职权行为，保障程序品质。诉中救济的方式虽然主要是异议和复议，但需注意的是，现行法中的上诉也在少数场合担当了诉中救济功能。现行法中有异议、复议，甚至上诉三种诉中救济方式，但是由于其适用范围非常有限，很多受法院职权行为影响的诉讼权利不能在诉讼过程中及时得到救济，只得被迫寻求判决后的终局救济。

（一）异议

异议是当事人在诉讼权利受到侵损时，对法院程序性职权行为的一种即时抗辩。按照前文理解，异议是当事人诉讼权利受到法院程序性职权行为侵损后，初次采取的、即时的救济方式。在时间上，异议与法院做出的程序性职权行为虽然有先后顺序之分，即法院不当程序性职权行为在前，再有当事人维护诉讼权利的异议，但是，当事人可基于当时对法院职权行为存在瑕疵与否或合法与否的判断，即时性提出异议抗辩。也即，提起异议救济无须另开程序，可在原行进程序中寻求一种同步的救济。以此判断，异议无疑具有上诉、再审等救济方式不具有的即时、高效和程序简易等特点。

现行民事诉讼法中的异议有诸多体现①。首先，管辖方面的异议。当事人对受诉法院行使管辖权的行为不服，可在管辖事项上首先寻求异议救济。管辖权行使的异议直接关系到当事人接受裁判权和公正审理请求权的保障问题。立法最初只认可了当事人对地域管辖权行使的异议，但实践中，一些当事人通过改变诉讼标的额度大小来规避级别管辖规定，这不但影响上下级法院之间审判权限的分配，也影响到当事人程序利益的保障，故立法将级别管辖也纳入异议范围。根据有关司法解释的规定②，级别管辖异议被细分为两种情况，即要求将案件交由原受诉法院的上级法院审理的异议，以及要求将案件交由原受诉法院的下级法院审理的异议。

其次，诉讼调解方面的异议。民事诉讼中，当事人有权要求法院依据调解协议制作调解书，如调解书与调解协议原意不一致，当事人可在签收前提起异议。③ 此类异议涉及当事人公正结果请求权的保障，为其配置诉中救济是非常必要的。因为，在当事人已经达成了调解意愿的前提下，如不许可就调解书与调解协议不一致的情况及时救济，当事人可能拒签调解书，废弃此前的调解努力。同时，因为已经签收的调解结果不可上诉，当事人无法即时提起诉中救济，则当事人不得不在程序结束后寻求再审救

---

① 民事非讼程序、执行程序中也存在异议制度，本书考察的范围主要是诉讼程序中的异议。
② 参见最高人民法院《关于审理民事级别管辖异议案件若干问题的规定》（法释〔2009〕17号），该司法解释于2020年进行了修正。
③ 参见最高人民法院《关于人民法院民事调解工作若干问题的规定》（法释〔2004〕12号），该司法解释在2014年、2020年进行了二次修正。

济，成本显然过高。

再次，程序选择的异议。赋予当事人程序选择权给了当事人参与诉讼进程的自由度和主动权。我国民事诉讼法律制度发展历程中，当事人程序选择权长期被忽视，程序选择多被归纳为法院自由裁量权的内容。在弱化民事诉讼职权主义因素的背景和趋势下，当事人开始较多地主动介入诉讼进程，程序选择权也被视为尊重当事人诉讼主体地位、民事诉讼模式转型的重要体现。现行法律在简易程序（含小额程序）适用、共同诉讼、独任审理、在线诉讼程序开展、证据程序开展等方面赋予了当事人较多的程序权利。法律为部分程序选择权的行使提供了异议等形式的救济保障，但总体上，大多程序选择权的保障并不完善，甚至是缺位的。

当事人程序选择权及其救济在我国立法中有下列体现：（1）简易程序中的选择权。《关于适用简易程序审理民事案件的若干规定》第2条规定，基层法院适用普通程序审理的民事案件，经法院审查同意，当事人可选用简易程序。基层法院及其派出法庭审理事实清楚、权利义务关系明确、争议不大的简单金钱给付民事案件，标的额超过额定标准的，当事人双方也可约定适用小额诉讼程序。[①] 民事诉讼法同时确认了小额程序适用的当事人异议权。（2）共同诉讼的选择权。这包括两种情况。其一，普通共同诉讼的情形。依据《民事诉讼法》第55条之规定，一方或者双方当事人为二人以上、诉讼标的为同种类、法院认为可合并审理，当事人同意选择合并审理的，为共同诉讼。依据该条文，普通共同诉讼的合并审理须经法院和当事人的双重认可或同意，如果法院认可合并审理，但当事人表达合并审理的异议，那么不可合并审理；但是，如果法院不认可合并审理，当事人可否表达异议要求合并审理？其二，类似必要共同诉讼的情形。类似必要共同诉讼是指数人对诉讼标的既可选择共同诉讼，也可选择单独起诉，

---

① 参见《民事诉讼法》第165条。

如果选择共同起诉，法院对诉讼标的必须合一确定，不允许对各共同诉讼人分别裁判。① 类似的必要共同诉讼，出于诉讼效率考虑，法院一般会尊重当事人的合并起诉；但是，如果当事人有意只选择起诉单个当事人，而法院又依据职权追加当事人，当事人可否提出程序上的异议？上述共同诉讼涉及当事人程序选择权的两种具体情形，但对法院作出的与当事人意愿与选择不同的程序性裁决，当事人能否提出程序上的异议，相关规定并不明确。（3）独任审理选择权。2021 年修订的《民事诉讼法》规定，一定条件下，在二审程序中，两类案件的当事人有选择独任审理的权利，即适用简易程序审结的案件和对裁定上诉的案件②。同时，法律也规定，如当事人认为独任审理违法，可提起异议；但若当事人选择独任审理，却被法院程序性裁决否决，当事人能否提出程序上的异议，相关规定付之阙如③。（4）在线诉讼程序的选择权。信息技术的发展改变了民事诉讼行为、诉讼方式及诉讼场所，引发了民事诉讼信息化的潮流。④ 2021 年《民事诉讼法》确认了在线诉讼活动与传统线下诉讼活动的等值效果，规定了当事人可以选择通过线上平台开展诉讼活动⑤。司法解释《人民法院在线诉讼规则》（以下简称《规则》）给了当事人较大的程序选择权，确立了合法自愿原则和当事人诉讼权利保障原则。相关程序选择权具体表现为：线下或在线诉讼活动的选择权，同步或非同步在线举证、质证的选择权，非同步调解、证据交换、调查询问、庭审等诉讼活动的选择权，电子送达方式的选择权等。司法解释也强行规定了法院进行在线诉讼活动，应当征得当事人同意后方可开展，当事人在一定条件下亦可对前期同意在线诉讼的行为

---

① 宋朝武等. 民事诉讼法学［M］. 北京：高等教育出版社，2018：87.

② 相关规定参见《民事诉讼法》第 41 条第 2 款。

③ 参见《民事诉讼法》第 43 条。此法条的独任审理异议，应该包括了一审中的独任审理异议，也包括了二审中的独任审理异议。

④ 刘敏. 电子诉讼潮流与我国民事诉讼法的应对［J］. 当代法学，2016（5）.

⑤ 参见《民事诉讼法》第 16 条。

表达反悔①。《规则》促成了"线上线下审判常态化并行"的新格局，构建了覆盖在线上诉讼流程的制度体系，确定了当事人在线诉讼的相关程序权利。特别地，《规则》认识到了在线诉讼中当事人程序选择权的重要性，赋予当事人较多的程序选择权，但是，有关当事人诉讼权利保障和救济制度的内容，《规则》仅有原则性提及，亟待完善。

除了上述规定外，当事人程序选择权还扩展到了证据程序②、陪审员选择③、文书送达及开庭方式等方面，权利范围及广度得到前所未有的拓展，但因其行使缺少救济依托，权利扩展的实质效果难以得到保障。其一，大多数情况下，上述当事人诉讼权利的行使须经法院的"认可""审查"或"同意"，也即法院可以作出不予同意、不予准许的裁决。其二，某些情况下，虽然立法没有明确规定当事人的选择权要接受法院审查，但程序实际运行过程中，法院亦可凭借诉讼指挥权不许可当事人的选择。其三，法律赋予法院单方面直接反转当事人选择的权力，即法院有判断当事人选择"不宜""不合适"的权力。但是，对于上述诉讼权利行使的法院裁断，立法除对简易程序适用的选择权配置了初次的异议救济外④，对其他诉讼权利的救济覆盖不够全面。

按照"国民之法主体性、程序主体性及程序主体权等原理"，当事人应享有程序选择权，使其程序利益不至于受程序运作减损和消耗。⑤因此，程序选择权的范围扩大是一种必要。但是，如无诉中救济的保障，程序选

---

① 参见《人民法院在线诉讼规则》第4条、第5条、第10条。

② 《关于民事诉讼证据的若干规定》第33条规定，当事人可经法院同意后申请鉴定，由双方协定鉴定机构、鉴定人员；第51条和第56条分别规定，经法院准许或认可后，当事人可协定举证期限、选择证据交换时间等。

③ 《人民陪审员法》第17条规定，第一审刑事案件被告人、民事案件原告或者被告、行政案件原告申请由人民陪审员参加合议庭审判的，人民法院可以决定由陪审员和法官组成合议庭审判。

④ 参见最高人民法院《关于适用〈中华人民共和国民事诉讼法〉的解释》《关于适用简易程序审理民事案件的若干规定》。

⑤ 邱联恭.程序选择权论［M］.台北：三民书局，2000：33，35.

择权的实效难以实现。同时，程序选择权往往是案件实体审理的前提性事项，如果在本次程序中得不到诉中救济，往往牵连性地影响法院和当事人的后续诉讼行为。也即，原审程序终结后，上述诉讼权利的终局救济成本将过于高昂，或者很难利用终局救济方式弥补。

最后，确费程序的救济。确费程序是法院对诉讼费用计算的程序。确费程序主要涉及当事人实体利益，各国法律都确认了当事人对法院确费程序的参与权。学界认为，虽然有关制度对诉讼费用分配有明确规定，但是不能绝对排除法院错误分配诉讼费用的发生，因此也没有理由禁止当事人对确费裁判提起救济①。在学者们的呼吁下，我国《诉讼费用交纳办法》确认了当事人对诉讼费用的协商和计算的异议制度，以作为当事人参与确费程序保障的主要措施。也就是说，诉讼费用确认过程，即诉讼费用的计算和核对，当事人有参与的权利，如果侵犯了此种参与权，当事人应可采取异议救济。

（二）复议

对复议含义的理解，学界有不同看法。一些学者认为，复议是指当事人不服法院的具体司法行为，按照法定程序向作出该行为的法院或上一级人民法院提出申请，由法院重新审查、处理的法律制度；② 或认为，复议是指当事人认为法院裁定侵害了自己的合法权益，依法向作出裁定的法院或其上级法院申请，要求重新审理的制度。③ 上述定义的基本内容可集中概括为：复议是原审法院或上级法院对原职权行为的一种重新审查。总体上，上述理解没有脱离对现有复议制度内容的现象归纳范畴，未能较好地体现民事诉讼复议制度的本质所在。因此，学界又从当事人程序权利保障和救济的角度来定义复议，即认为复议是在诉讼过程中，当事人对法院就

---

① 廖永安.诉讼费用研究——以当事人诉权保护为分析视 [M]. 北京：中国政法大学出版社，2006：19.
② 黄良友.试论民事诉讼复议制度 [J]. 现代法学，1995（6）.
③ 卢鹏.民事裁定复议制度的检讨与重构 [J]. 西南政法大学学报，2010（5）.

与自己相关的一些重要的程序性事项所作的裁判不服，依法向法院声明不服的救济制度。① 此定义中，复议被定性为一种诉讼过程中的救济方式，体现了其实质内涵。现行法中的复议，以诉讼权利救济的方式而独立存在，与异议具有高度同质性，都属于诉中救济方式，亦具有即时、高效、程序简便的特点。立法上，异议与复议的功能区隔并不清晰。② 2012 年民事诉讼法修改后，复议对诉讼权利的保障范围有所扩大。

一是回避决定的复议。申请回避的决定直接影响当事人公正程序请求权。回避决定不当，可能极大地影响当事人的程序及实体利益。故各国法律无一例外地规定了当事人的申请回避权，也无一例外地为其配置救济。在我国，回避制度具有民事诉讼法基本制度的属性，相比于其他诉讼权利，回避决定的诉中救济制度比较周详。比如，立法较详细地规定了复议受理主体、复议次数、复议效力等。但即便如此，有关回避的复议救济制度仍然有待于进一步完善，比如，对于有理由的回避决定，如果当事人（一般是原申请人的相对方）不服，那么可否申请复议？

二是保全裁定、先于执行裁定的复议。现行法规定，当事人有申请财产保全、行为保全及申请先予执行的诉讼权利，若对法院作出的保全申请、先予执行申请的裁定不服，可向原法院申请复议一次。此三种诉讼权利的行使及其保障程度，对当事人实体利益有重要影响。即使是职权色彩较浓的法国民事诉讼法，也允许当事人对法院的保全裁决行为提出全面的救济。我国 2012 年修改后的民事诉讼法扩大了保全程序中诉讼权利的救济范围。2007 年修订的《民事诉讼法》第 92 条规定③，法院可责令申请

---

① 廖永安，雷勇. 论我国民事诉讼复议制度的改革与完善［J］. 法律科学，2008（3）.

② 对此，后文将有详述。

③ 2007 年《民事诉讼法》第 92 条第 2 款规定，"人民法院采取财产保全措施，可以责令申请人提供担保；申请人不提供担保的，驳回申请"；第 95 条规定，"被申请人提供担保的，人民法院应当解除财产保全"。两处均没有使用"裁定"形式。2012 年《民事诉讼法》分别修改为，"人民法院采取保全措施，可以责令申请人提供担保，申请人不提供担保的，裁定驳回申请""财产纠纷案件，被申请人提供担保的，人民法院应当裁定解除保全"。

保全人提供担保，如当事人不提供的，则可驳回保全申请；该法第 95 条规定，被申请人提供担保的，法院应解除财产保全。依据 2007 年《民事诉讼法》，法院驳回申请、解除保全措施，形式上都没有要求法院采取"裁定"或"决定"方式。但是，立法一般只许可对以"裁定"形式表现出来的法院职权行为声明不服，提起复议，故实践中，法院可以拒绝受理当事人对责令提供担保、解除担保情况的复议申请。2012 年修法后，立法要求法院对上述两种职权行为一律以"裁定"方式作出，实际上扩大了当事人申请保全权利的复议救济范围。

三是证据裁决的复议。当事人在证据收集、交换、出示过程中能够向法院提出各类申请。在 2001 年《关于民事诉讼证据的若干规定》（以下简称《证据规定》）出台前，立法为当事人的此类证据申请权没有配置诉中救济。但是，证据权利是关系到案件实体胜败的关键性诉讼权利。客观上，如果法院不能适时协助当事人，当事人的某些证据行为将根本无法完成，证据权利无法实现。所以，《证据规定》将相关证据责任赋予当事人后，也要规范法院在证据采集方面的相关行为。2007 年后，民事诉讼法在修订时对当事人的申请法院调取证据权配置了再审的终局救济方式[①]，规定了当事人因客观原因不能自行收集的、对案件审理有重要意义的证据，如书面申请法院调取未获得法院认可的，可以申请再审的方式提起救济。2008 年调整的《证据规定》为当事人申请法院调取证据的权利设定复议救济[②]，这是首次为当事人证据权利配置的诉中救济方式，当事人申请法院调取证据权获得了双重救济。2012 年民事诉讼法在修改时，对申

---

① 参见 2007 年修订的《民事诉讼法》第 179 条第 5 项。
② 参见 2008 年调整的《关于民事诉讼证据的若干规定》（法释〔2008〕18 号）第 16—19 条，其第 19 条第 2 款规定，人民法院对当事人及其诉讼代理人的申请不予准许的，应当向当事人或其诉讼代理人送达通知书。当事人及其诉讼代理人可以在收到通知书的次日起三日内向受理申请的人民法院书面申请复议一次。人民法院应当在收到复议申请之日起五日内作出答复。

请法院调取证据权的救济范围再次进行微调①，规定申请法院调取证据权的救济保障仅限于"主要证据"，较大幅度地限缩了申请调取证据权的救济范围。同时，2019 年《证据规定》在修改中删去了为申请法院调取证据权而配置的复议救济方式，理由是"对于申请人民法院调查取证是否准许，属于人民法院依照职权审查的范畴，人民法院对此应当有决定权利；对于可以申请复议的事项，应当由《民事诉讼法》作出专门规定"②。这种规则的变迁是立法对司法实践中当事人诉讼权利救济乏力的一个回应。同时，从申请法院调取证据权救济配置的变化过程，亦可看到立法对如何保障当事人诉讼权利在认识上有一个逐渐深入和成熟的过程。在科学性方面，立法确实意识到了当事人证据程序保障的重要性，但其确实无必要在民事诉讼司法解释和基本法中同时出现两种不同的保障，由民事诉讼法直接确认救济方式即可。此外，值得注意的问题是，其一，为何不可在民事诉讼法中为当事人申请法院调取证据权配置诉中救济方式？很显然，在证据收集过程中，实体审理尚未开始，甚至可能未到证据交换期日，当事人在此阶段对申请法院调取证据权的救济，一般不会影响程序行进的连续性，也是程序成本、实体审理成本较少的救济方式。其二，如何识别当事人申请调取证据权的救济面向的是"主要证据"？对案件审理有影响的"主要证据"是一个主观的判断，当事人和法院均可有不同视角的理解，在实体判决前，影响案件审理的主要证据是难以精确判断的问题。限缩证据范围，实际上也是限缩当事人证据程序权利的救济范围。因此，为加强当事人证据程序权利保障力度，增强程序保障实效，不宜将其范围定性为"主要证据"，且为其配置诉中救济方式更为妥适。

认识到现行证据规则极大地影响到法院"发现真实"的能力，2012

---

① 参见 2012 年修订的《民事诉讼法》第 200 条第 5 项。
② 参见最高人民法院民事审判第一庭. 民事审判实务问答［M］. 北京：法律出版社，2021.

年的修法为证据保全申请权配置了复议救济。证据保全是当事人的传统诉讼权利，1982年《民事诉讼法（试行）》就确认了此项权利。2012年后修改的民事诉讼法都规定了证据保全可"参照适用""保全有关规定"[①]，自此，证据保全申请权开始获得复议的保障。

四是当事人对法院强制措施的复议。诉讼程序进行过程中，法院对妨害民事诉讼的强制措施也影响到当事人的程序公正请求权。立法规定，如对法院采取罚款、拘留等妨碍民事诉讼的强制措施的决定不服，可向上一级法院申请复议。除此之外，训诫、责令退出法庭等可能损及当事人公正审理请求权的法院职权行为，法律并没有配置救济措施。此外，值得关注的是，依据现行法，对上述影响当事人诉讼权利的法院职权行为，复议受理主体不是原审法院，而是上一级法院，迥然不同于其他救济事项的复议主体，此种规定也值得商榷。

五是人身安全保护令的复议。根据相关司法解释规定[②]，对于已经进入家事诉讼程序的案件，当事人可以申请人身安全保护令。对于人身安全保护令的被申请人提出的复议申请和人身安全保护令的申请人就驳回裁定提出的复议申请，可以由原审判组织进行复议；法院认为必要的，也可以另行指定审判组织进行复议。

六是代表人诉讼中权利人范围裁定的复议。2020年最高人民法院制定了《关于证券纠纷代表人诉讼若干问题的规定》，针对证券纠纷，该司法解释第6条规定，起诉时当事人人数尚未确定的代表人诉讼，法院受理案件后的30天内以裁定方式确定具有相同请求的权利人范围，对此裁定，当事人可以自裁定送达之日起10日内向上一级人民法院申请复议，上一

---

① 分别参见2012年和2017年修订的《民事诉讼法》第81条、2021年修订的《民事诉讼法》第84条，"证据保全的其他程序，参照适用本法第九章保全的有关规定"。

② 参见最高人民法院《关于人身安全保护令案件相关程序问题的批复》（法释〔2016〕15号）。根据该解释，申请人亦可根据相关法律独立申请人身安全保护令，但此一般适用于特别程序处理；在已经开始的民事诉讼中，申请人身安全保护令是本书讨论的内容。

级人民法院应当在 15 日内作出复议裁定。这是针对特定案件中的诉讼权利保障所设置的救济。目前，我国立法和司法解释也只就证券纠纷有此规定，由点及面推广适用于其他类型场合中的可能性并不具备。

（三）诉讼过程中的上诉

上诉一般是对含有实体内容的终局裁判提起的救济方式[①]，属于移审救济，需要另行开启一套全新的程序。现行法中，上诉除了承担一审终局裁判的救济功能外，还担负了针对诉讼权利的诉中救济功能。作为诉中救济方式存在的上诉，相较于复议和异议是比较另类的。其没有后两者的高效、简易和便利等特点，在程序上，其要求停止正在行进中的诉讼过程，另启一套程序向上一级法院提起救济。

立法对此种形态的上诉采取了许可模式，以完全列举的方式，确定了其可适用的三种情形：对管辖异议处理裁定不服的独立上诉、对不予受理裁定不服的独立上诉以及对驳回起诉裁定不服的独立上诉。此三类裁定，都与保障当事人接受裁判权有关。

所谓接受裁判权，是指国民利用民事诉讼制度来解决纠纷和保障其民事权益的权利。[②] 这种权利是一种"基本权利"，裁判请求权和一般性诉讼权利存在一种"分层的梯度关系"[③]。一些学者甚至从自然法和自然权利[④]、人权角度[⑤]来定性此类权利。在西方民事诉讼理论中，其为一种宪法位阶的权利。日本、德国等国家的宪法，都直接确认了当事人的接受裁判权。国内学者也多从人权等多种视角来解读此种诉讼权利，认为接受裁

---

① 即便是对实体性的中间判决，也一般要求在主诉的终局判决出来后，与主诉判决一并提起上诉救济。

② 江伟. 民事诉讼法专论 [M]. 北京：中国人民大学出版社，2005：68.

③ 何文燕，廖永安. 民事诉讼法学 [M]. 长沙：湖南人民出版社，2008：48.

④ 如法国学者认为，诉权"是神圣的""是一切权利中最不容侵犯的权利，是自然法不可分割的一部分"；参见 [法] 路易·若斯兰. 权利相对论 [M]. 王伯琦译. 北京：中国法制出版社，2006：34.

⑤ 何文燕，廖永安. 民事诉讼法学专论 [M]. 湘潭：湘潭大学出版社，2011：85-86.

判权也是一种"对世权"，如果具备程序上的要件，法院不受理诉讼、故意设置其行使条件都侵犯了此种权利①。我国宪法对接受裁判权并无直接规定，但 2012 年修改后的《民事诉讼法》第 123 条特别以宣示性条款彰显了当事人此种诉讼权利的存在，即规定："法院应当保障当事人依照法律规定享有的起诉权利"。虽然作出了诉讼权利的特别宣示，但 2012 年后的多次修法对该诉讼权利的救济规定都没有任何改变。考虑接受裁判权的重要意义，仅为其赋予异议或复议救济似乎过于单薄，且异议和复议制度设计也不够完善。所以，立法特别许可此种权利以独立上诉的方式救济。在立法的角度，舍弃复议或异议，转而配置独立上诉是对接受裁判请求权的一种特殊安排。

显然，基于上述诉讼权利的"宪法位阶"性质，强化其救济确有某种必要。但在我国现行法中，弃用异议和复议，为上述诉讼权利配置独立上诉并没有产生额外的实质效果。从形式上来看，独立上诉属于"双重施惠"：一方面，允许上述权利的诉中救济，我国立法惯例是不鼓励诉讼权利的诉中救济；另一方面，特别许可独立上诉，现行法也只对前述诉讼权利特别配置了独立上诉。但从实质效果来看，独立上诉难以承担起保障"宪法性权利"的重任，实质效果上与异议、复议的区别不大。首先，上诉救济的本身层次不够。或许，在立法角度，上诉的层次要高于异议和复议，独立上诉是对涉及当事人重大程序利益的诉讼权利进行的特殊救济安排，只有理念成熟、规则完备的上诉才可担此"重任"。但是，独立上诉仍然没有脱离民事诉讼的框架，立法除给了上述诉讼权利的上诉之"壳"外，没有作出其他实质性的特殊规定。其次，独立上诉的规则不够精细。按照现行法规定，对于接受裁判权的救济，上诉法院可采取简易的程序规

---

① 江伟，邵明，陈刚. 民事诉权研究 [M]. 北京：法律出版社，2002：142，321. 实际上，关于诉权范围，三位著者认为远不止接受裁判请求权。

则复查，即不开庭审理，无须言辞辩论，可径行裁判等。这样的操作规则，很难说与复议规则存在很大区别。可以说，这种独立上诉不仅没有超越民事诉讼救济的理念和制度范畴，也没有超越复议、异议救济的功能范围。或许，在当事人看来，独立上诉带来了移审救济的麻烦，还增加了诉讼权利的救济成本。从这个角度而言，似无必要为其配置独立上诉，可以通过完善异议或复议的操作程序来实现当事人诉讼权利保障之目的。

（四）诉中救济适用的总体特点

现行法律中当事人诉讼权利的诉中救济制度，在范围上采取了完全列举式；在权限上采取了许可制，救济配置基本上不能匹配法律赋予当事人的诉讼权利范围。

首先是列举式。立法对诉中救济的诉讼权利范围，采取了完全列举的形式，弹性空间不大。从语义学角度而言，列举是指将对象涉及的语义成分尽量全部列举，使其范围范畴具有极性意义。[①] 直观性列举是刚性规定，对当事人启动救济提供了最直接的依据。对列举范围内的诉讼权利，法院不得推诿救济或"打折"救济。但是，救济范围的完全列举，其弊端也显而易见。客观上，救济范围的全体列举本身就是一个相当繁复的工作，难免挂一漏万。同时，诉讼权利本是发展中的权利体系，随经济社会发展，一些新的诉讼权利会陆续进入诉讼程序，难以在某个时间点上前瞻性地一次性列举。在列举式立法体例下，并非所有受损的诉讼权利都可得到及时的诉中救济，只有当立法特别指定时才有诉中救济的可能性。同时，这种范围指定不是诉讼权利的类型指定，而多是个别性的具体指定，因此，可诉诸诉中救济的诉讼权利范围较为有限。

其次是许可制。诉中救济是典型的许可救济。因为，诉中救济范围的列举本身就是一种选择，添加了立法者的价值判断。从逻辑上来看，单项

[①]　张道新. 汉语极言研究［M］. 沈阳：辽海出版社，2007：289.

陈述之真不能当然推论出普遍陈述之真，^① 特别是作为法律上的一项权利，根据程序法定原则，立法对诉中救济的个别枚举不允许类推至全部当事人诉讼权利的救济。从诉中救济范围来看，这种许可也是诉中救济可控性的体现。许可划定可救济的范围和对象，具有防止当事人频繁启动诉中救济导致程序迟延之目的。在一定程度上，范围许可是对法院支配程序运行的强调，但对当事人而言会带来程序参与度的降低，以及诉讼过程中制约法院职权行为空间的压缩。尤其是后文要提到的，这可能带来程序瑕疵不能及时修复的问题。

二、终局救济的适用面较宽

终局救济是指原审程序终结后^②（是指案件实体判决后），当事人可选择适用的诉讼权利救济方式。终局救济包括一审后，在判决未生效的情况下，当事人以上诉方式对诉讼权利的救济；也包括判决生效后，当事人通过申请再审方式对诉讼权利的救济。一般来说，终局救济的主体内容为实体权利，对受损诉讼权利的救济属于伴随性的审查，也即，从当事人诉讼权利的保障角度而言，终局救济仅仅为诉讼权利的附带救济，故也可将终局救济称为诉讼权利的附带救济方式。依据现行法，大量在诉讼行进过程中没有被赋予救济机会的诉讼权利，在原审终局后，才可以通过上诉和申请再审获得救济。

（一）"普惠式"的上诉

我国上诉制度中，除独立上诉采取许可上诉制度以及小额诉讼案件不许上诉外，对一审程序终结后当事人实体权利和诉讼权利的救济，立法一

---

① 郁慕镛. 科学定律的发现 [M]. 杭州：浙江科学技术出版社，1990：217.
② 一般是指实体判决后，当事人可选择适用的诉讼权利救济方式。但是，由于不予受理、驳回起诉裁定的程序终结，不存在实体审理和实体判决之问题。

律采取无因的"权利上诉"制度。当事人启动上诉和法院受理上诉无须考虑案件事由、原审程序类型等，在上诉过程中，只有简单的形式审查，而无实质审查。也即，作为终局救济方式的上诉是一种"普惠式"救济，是"权利上诉"而不是许可上诉。当事人的诉讼权利显然属于上诉救济的普惠范围，诉讼权利是否接受过或被拒绝过原审救济，以及前次救济结果如何等，都无关当事人可否启动上诉救济。

首先，程序瑕疵问题的上诉。诉讼权利受损和程序瑕疵存在一种对应关系，诉讼程序中，法院如"未能充分保障诉讼权，即构成程序瑕疵"①。上诉对于诉讼权利的救济，一般是原审法院存在程序瑕疵或违法等不当行为。2012 年修正的民事诉讼法规定②，原判决有遗漏当事人或违法缺席判决等"严重违反法定程序"情形的，上诉法院可撤销原判决，发回重审。相对于此前旧法规定③，以诉讼权利受损为由发回重审的范围有所收窄。发回重审的标准从原来的影响实体判决标准，转移到比较单一的程序标准，有以上诉救济来强化诉讼权利保障之意图。所谓违反法定程序，就是指在诉讼过程中，法院职权行为违反了法律所规定的时限、步骤、方式及顺序等要求，其直接结果是损害诉讼权利，影响程序公正。程序公正是实体公正的保障，故违反法定程序不但直接损害当事人诉讼权利，也损及实体公正，赋予救济是当然的。违反法定程序是一个概括性事由，这也是当事人利用上诉程序中因"原审法院的程序过错"，为自身的诉讼权利寻求救济的主要入口。

立法认为，"遗漏当事人"及"违法缺席判决"直接关系到当事人重大的程序利益，损及当事人受通知权和接受裁判权，属于严重违反法定程

---

① 沈冠伶.诉讼权保障与裁判外纷争处理［M］.北京：北京大学出版社，2008：37.
② 法律沿袭和保留了 2012 年修法的规定，参见 2012 年《民事诉讼法》第 170 条第 4 项和 2021 年《民事诉讼法》第 177 条第 4 项。
③ 2007 年《民事诉讼法》第 153 条第 4 项规定，原判决违反法定程序，可能影响案件正确判决的，裁定撤销原判决，发回原审人民法院重审。

序，如上诉审法院无法治愈原审程序瑕疵，可将案件直接发回重审。需要注意的是，（1）严重违反法定程序的行为不只是前述几种情形。立法为"严重违反法定程序"加上了"等"的后缀。按照司法解释的规定①，"违法剥夺当事人辩论权利"属于严重违反法定程序情形，可以发回重审。此外，以听审权为例，大多数国家将听审权作为当事人的宪法性权利，我国不存在宪法诉讼，但存在违反听审权，因此其也可归入"严重违反法定程序"的行为范畴。邵明教授认为②，听审权属于"正当程序"范畴，是当事人"古典的基本程序权"，包括程序请求权、事实主张权、证明权（举证权和质证权）、辩论权等，是当事人在诉讼过程中享有的对程序事项和实体事项的获得听审、表达意见的权利。陈瑞华教授认为③，法治社会中获得听审是个人的"基本公民权利"，获得听审即获得在裁判者面前"为权利而斗争"的机会。因此，听审权项下的诉讼权利受损一般是法院"严重违反程序"的职权行为所致，能够获得上诉救济，且在很多情况下，案件整体可发回重审。（2）即使不是严重违反程序事项，一般性诉讼权利也可无阻地进入上诉救济。依据现行法，"严重违反法定程序"只是案件"发回重审"的前提条件，而非限制一般性诉讼权利进入上诉的条件。不能狭隘地认为，只有"严重违反程序"的行为才可上诉救济。按照《民事诉讼法》第177条之规定，非严重违反法定程序的行为不可发回重审，但是，并不能排除在侵犯一般性程序权利的情况下当事人提起上诉救济的资格。因此，程序瑕疵的规定几乎为所有诉讼权利"敞开了上诉之门"。

其次，适用法律错误的上诉。适用法律错误，是指在法院援引不当的

---

① 参见《关于适用〈中华人民共和国民事诉讼法〉的解释》第323条规定的四种情形：审判组织的组成不合法的、应当回避的审判人员未回避的、无诉讼行为能力人未经法定代理人代为诉讼的、违法剥夺当事人辩论权利的，"可以认定"为严重违反法定程序。

② 邵明. 论民事诉讼程序参与原则 [J]. 法学家，2009（3）.

③ 陈瑞华. 获得听审的权利 [N]. 法制日报，2000-10-1（3）.

法律作为职权行为。从法律位阶而言，"适用法律错误"包括强行法适用错误和一般性法律适用错误，前者如法院违背公开审判原则、违背合议庭组织规则进行审理，后者如违背辩论原则等；从法律性质角度而言，适用法律错误不但指适用"实体法规"错误，也应包括适用"程序法规"错误。① 适用程序法规错误直接涉及当事人诉讼权利的保障内容。不正确适用程序法律，当事人诉讼权利就会受损。具体而言，法院管辖错误、受理和驳回诉讼错误、程序安排错误、诉讼指挥行为错误等都可能属于适用法律错误；从立案到审前活动，再到庭审等一系列阶段，都可能出现法院因适用法律错误而侵损诉讼权利的情形。因此，适用法律错误也是诉讼权利进入上诉救济的一个入口。《民事诉讼法》第177条第2项规定，原判决、裁定适用法律错误，上诉法院可以依法改判、撤销或者变更等方式，矫正原审不当的职权行为。当然，如果上诉审法院无法矫正原法院违法的行为，只有发回重审。在此处，适用法律错误的法院纠正方式与程序严重违法的纠正，存在一定的互补性。

终局救济中，上诉救济的特点是：（1）无须审查。由于诉中救济过少，上诉几乎成了诉中救济不足的全面"补偿"措施，其和实体权利一样采取了无因上诉之规则。（2）范围无限。诉讼权利的上诉救济范围并非如诉中救济那样完全列举，而是利用违反法定程序和适用法律错误规定的概括性规定，诉讼权利可无任何阻隔地获得上诉保障。因此，在终局救济性质上，上诉是当事人诉讼权利救济的主要方式。原一审程序中的当事人诉讼权利，在一审程序结束后，基本均可进入上诉救济通道。

（二）"程序化"的再审

再审属于诉讼权利的终局救济，也是一种特殊救济方式。诉讼权利的再审范围既有列举性规定，也有弹性规定。从纵向发展的角度来看，民事

---

① 沈冠伶. 诉讼权保障与裁判外纷争处理［M］. 北京：北京大学出版社，2008：43.

诉讼的再审事由历经了一个从模糊走向明晰的过程。2007 年之前的《民事诉讼法》第 179 条列举了 5 条"应当再审"事由，诉讼权利再审范围有较大模糊性，"适用法律确有错误""违反法定程序"都是弹性较大的条款。这种规定一方面可以说当事人诉讼权利的再审范围很广，因为理论上，救济事由的弹性规定覆盖面较广；但在另一方面也可说再审范围较小，因为实践中，法院可以此种模糊性的规定拒绝受理诉讼权利的再审请求。2007 年之前，由于再审启动的难度较大，当事人寻求包括信访、上访等在内的"法外救济"方式较多，立法关注的焦点是化解当事人"申诉难"的问题，申诉难包括了实体救济难和诉讼权利救济难。因此，2007 年修法前的诉讼权利再审特点可概括为：虽然立法弹性大，但是实际适用比较难。

2007 年修正的民事诉讼法从"总体控制"和"明晰列举"两个方面对再审事由进行双向度的调整，即在控制申请再审启动空间的同时，也"加固"了某些特定诉讼权利的再审救济，大量诉讼权利作为再审事由被明确列举。在制度导向上，再审的实体纠错功能反而退归其次。这种修改被学界概括为从"实体标准"向"程序标准"过渡①，在列举性事由中，程序性事项的救济占据了绝大部分比例。学界认为，从修法目的来看，因实体标准不易把握，为解决"申诉难"之顽疾，程序性标准可防止法院对当事人申请再审的不当设限，以平衡保障再审需求和限制再审滥用之间的矛盾。② 这种修法拉开了诉讼权利的再审救济大门，因诉讼权利受损而申请再审的可能性大幅增加。但对于 2007 年的修法，学界当时仍有很多不解。特别是就"违反程序可能影响正确裁判"作为再审事由的问题，有不同意见。法律上，违反法定程序是二审发回重审，以及再审启动的重

---

① 汤维建，毕海毅，王鸿雁. 评民事再审制度的修正案 [J]. 法学家，2007 (6).
② 汤维建，毕海毅，王鸿雁. 评民事再审制度的修正案 [J]. 法学家，2007 (6).

要理由，当然也是诉讼权利进入再审的事由。为了防止扩大解释，立法对其加注了"严重"及"可能影响正确判决和裁定"的前缀或后缀，但此种前缀及后缀具有"不确定性"[①]，是一个见仁见智的主观判断问题。在裁判者角度，此为限定当事人寻求救济的重要依据；在当事人眼里，其可能被反向理解成启动救济的理由。这种基于不同主体视角的理解给诉讼权利进入再审造成了一定的阻碍。

2012年修法后的再审事由范围有所紧缩。再审事由保留了主要证据的质证权、审判人员组成不合法、违反回避、剥夺辩论权、未经通知缺席判决、遗漏或越权裁判、审判人员职务违法、原判适法确有错误等程序性事项，修改的内容包括：（1）在列举性事由范围中，将申请法院取证权受损的救济限定为影响案件的"主要证据"，并删去了"管辖错误"的事由。（2）在概括性事由范围中，删去"违反程序可能影响正确裁判"之事由。此次修法意图为压缩再审范围，保持再审作为"特殊救济方式"的纯洁性。在纵向比较的角度，虽然列举性的可再审诉讼权利数量有所减少，但是，与可异议和复议的诉讼权利数量相比较，很难说再审的"口径"很小。一些没有许可异议或复议救济的权利，如当事人的质证权、受通知权、辩论权等诉讼权利的救济，都直接被列入了再审救济范围。同时，特别值得关注的是，即使再审的列举性范围收小，立法依然为启动再审保留了一个传统的弹性条款，即法院裁判"适用法律确有错误"的表述。如同可上诉救济范围的事项一样，"适用法律"包括了实体法的适用和程序法的适用[②]。在诉讼过程中，法院对程序法的适用错误大多涉及当事人诉讼权利，故"适用法律确有错误"本身即为当事人诉讼权利进入再审的弹性入口。

[①]　张卫平.民事再审事由研究［J］.法学研究，2000（5）.

[②]　如前文论述，相关学者认为适用法律确有错误，也包括了程序法适用的错误，如调查收集证据、不当行使释明权、分配举证责任等。

另外，辩论权涵盖范围也很广。"违反法律规定，剥夺当事人辩论权利"自 2017 年修法时进入再审事由，此后修法一直被延续保留。根据相关司法解释，"剥夺当事人辩论权利"的情形包括四个方面，即不许当事人发表辩论意见的、应当开庭审理而未开庭审理的、违反法律规定送达起诉状副本或者上诉状副本致使当事人无法行使辩论权利的、违法剥夺当事人辩论权利的其他情形。① 其中，"其他情形"是一个比较模糊、可扩展的表述，很多程序权利借此规定可以获得再审救济的机会。即便没有"其他情形"之规定，学界和实务界也普遍认为辩论权行使贯穿于民事诉讼全过程，辩论范围包括实体和程序两个方面②，涉及的当事人诉讼权利范围较广，包括当事人就主管、管辖、举证实现、证据交换、开庭审理中对实体问题的辩论、程序进行中对程序问题，如诉讼中止、诉讼终结、延期审理、诉讼保全、先予执行等，都有可能进行辩论，都可以行使辩论权利。③也即，对涉及上述程序问题的法院裁决行为，当事人似乎均可以借辩论权的问题提起救济。

综上所述，根据现行法的规定，在再审启动标准"程序化"的立法价值导向下，无论是从列举性再审事由，还是从弹性条款的涵盖范围来看，都很难说诉讼权利的再审面很窄。

第二节　当事人民事诉讼权利救济配置

诉讼权利是当事人诉讼行为的基础，任何一种诉讼权利都有其独立的

---

① 参见《关于适用〈中华人民共和国民事诉讼法〉的解释》第 399 条。
② 江伟. 民事诉讼法 [M]. 北京：中国人民大学出版社 2017：51 页；民事诉讼法学编写组. 民事诉讼法学（第三版）[M]. 北京：高等教育出版社，2022：60.
③ 张卫平. 再审事由构成再探讨 [J]. 法学家，2007（6）.

存在价值。根据诉讼权利性质、特点以及其之于当事人的价值等，设定不同层次、不同强度的救济，是救济配置的基本准则。

一、救济配置缺位

诉讼权利救济和法院职权约束是同一问题的两个方面。当事人诉讼权利受损源自法院的程序性职权行为，对诉讼权利的救济也是对法院职权行为的制约。因此，考察救济配置的均衡度有两方面的指标依据：当事人诉讼权利的救济保障面和法院诉讼行为的约束覆盖面。

（一）诉讼权利保障视角中的救济缺位

救济缺位有两种状况，一是救济的相对缺位，二是救济的绝对缺位。救济的相对缺位是指在某个合适的时间点，诉讼权利缺少相应强度的救济，但根据法律规则的指引，明显地存在后续的其他救济措施；救济的绝对缺位是指在某些程序过程中，受到侵损的诉讼权利没有配置包括诉中救济和终局救济在内的保障措施。

首先，诉中救济配置的缺位。除立法列举的诉讼权利外，多数诉讼权利无法提起独立的诉中救济。在诉讼过程中，如诉讼权利遭受法院不当职权行为的影响，当事人可行的诉诸救济的办法，就是静待一审程序结束，以寻求二审程序中的附带救济。比如，听审权项下的争点建议权、陈述权、发问权、补正权、阅览卷宗及笔录权等；证据权利项下的申请证人到庭权、重新鉴定申请权等；适时裁判请求权项下的适时提供证据权、适时确定举证时限等、案件合并审理申请权等；公正程序请求权项下的撤回诉讼、追加当事人申请权等，并无适当的独立救济措施。诉中救济缺位的直接弊端，是在诉讼程序进行过程中，当事人难以同步地启动救济程序，大量诉讼权利的同步保障付诸法院对程序性职权行为的自我约束。

2012 年民事诉讼法大幅修改后，这种状况也未有太多改变。如民事诉讼法新近确认的当事人申请专家证人的权利（第79条）、扩大的管辖选择权、送达方式选择权（第87条）、启动鉴定程序权、延期及逾期提供证据权（第65条）、要求法院提供资料收据权（第66条）等；2021年民事诉讼法规定了当事人选择线上诉讼的权利、特定情况下选择小额程序的权利等，但上述对于当事人有重要意义的诉讼权利，很可能因缺失相应的诉中救济而较大地影响其实际效果。

其次，救济配置存在"真空"地带。救济配置的"真空"地带是指依据现行法的规定，某些诉讼权利可能无法获得任何救济，包括无法获得诉中救济和终局救济，出现诉讼权利的保障缺口。按照前文论述，一般而言，一审程序中没有赋予诉中救济的诉讼权利，可循上诉获得救济。因为，我国的二审上诉是无因上诉。但是，按照现行法规定，下述情况例外：一是二审程序中的诉讼权利救济空白。诉讼权利初次受损的事实，可能发生在一审程序中，也可能发生在二审程序中。如果没有配置诉中救济，在前一种情况下，当事人可循上诉救济；但在后一种情况下，即原审程序本身是二审程序，这些权利可能没有任何普通救济机会，甚至是再审救济机会。因为，一方面，按照二审终审制度，根本就不存在二审程序之上的第三审上诉；另一方面，再审的启动事由有限，一般情况下，只有少数被列举的诉讼权利才能稍宽松地进入再审。虽然，再审启动仍然存在一定弹性，但当事人要敲开再审之门显然也不是简单的事情。此种情况下，诉讼权利救济范围就出现一大片无诉中救济、无终局救济的"真空"地带。二是小额程序中的诉讼权利救济真空。按照2012年修法之规定，小额程序案件不得上诉，那么，在小额程序中无法获得诉中救济的诉讼权利，要么突破现行法的规定，就诉讼权利单独提起上诉救济，要么丧失一切普通救济机会。很显然，小额程序在实体审理上都无法上诉，诉讼权利受损后显然也不可独立上诉。因此，小额程序结束后，诉讼权利可能无法获得任何普通救济。以小额诉讼程序的驳回起诉裁定为例，民事诉讼法司法解释①规定，"法院受理小额诉讼案件后，发现起诉不符合民事诉讼法第一百二十二条规定的起诉条件的，裁定驳回起诉。裁定一经作出即生效"。这意味着小额程序中的接受裁判权失去包括通过原审程序和上诉审程序所可能采取的一切救济措施②。三是最高人民法院直接审理案件时，根据民事诉讼现行法，也同样可能出现诉讼权利救济的空白问题。最高人民法院的主要功能在于监督指导全国审判工作，确保法律统一适用③。根据民事诉讼法的规定④，最高人民法院仅可在特定条件下承担起适用普通程序审理案件的任务，而其参与上诉审的情况要更多些。但是，无论是一审还是二审，基于最高人民法院作为最高审判机关的地位，由其审理的民事案件，当事人诉讼权利自然不存在向上级法院寻求救济的可能，当然也不可能满足越过最高人民法院，向其他法院寻求移审救济的条件。如未能配置诉中救济，而再审救济难以启动，诉讼权利将面临救济的"真空"地带。

（二）法院行为制约视角中的救济缺位

诉讼过程中，程序指挥是法院最重要的行为方式。但是，如果缺少对诉讼指挥权的制约，当事人在任何情况下均需遵照法院的安排和指引进行

---

① 参见最高人民法院《关于适用〈中华人民共和国民事诉讼法〉的解释》（法释〔2022〕11 号）第 277 条。

② 需要说明的是，2014 年制定的民事诉讼法司法解释规定，对小额诉讼案件的判决、裁定，当事人以民事诉讼法第 200 条规定的事由向原审人民法院申请再审的，人民法院应当受理。申请再审事由成立的，应当裁定再审，组成合议庭进行审理。作出的再审判决、裁定，当事人不得上诉。这说明诸如当事人的证据程序权利、申请回避权利、辩论权利、听审权利等重要诉讼权利，即使是适用小额程序审理，也可循特殊救济通道启动特殊救济程序。如此规定令人费解：一方面，这确实在形式上无差别地给了小额程序中当事人的诉讼权利，特别是某些重要的诉讼权利的再审救济；另一方面，为何舍近求远而准允特殊救济，却放弃原审程序的简易诉中救济。参见最高人民法院《关于适用〈中华人民共和国民事诉讼法〉的解释》（法释〔2015〕5 号）第 426 条。此外，该法条第 2 款对小额程序本身的适用，在异议救济之外，也配置了再审救济。

③ 参见中央全面深化改革委员会《关于完善四级法院审级职能定位的改革方案》、最高人民法院《关于完善四级法院审级职能定位改革试点的实施办法》（法〔2021〕242 号）。

④ 参见《民事诉讼法》第 21 条。

诉讼行为，法院将拥有主宰程序推进的权力，侵蚀当事人基于诉讼权利开展诉讼行为的自主性。这意味着当事人或成为受法院诉讼指挥行为"裹挟"的程序客体，当事人程序参与的主动性大为降低。显然，这种程序模式不但与民事诉讼作为化解私权争议的程序定位不符，也与尊重当事人程序主体地位的原则不符，正因如此，法学家卡佩莱蒂认为，在程序法领域内，迎接时代挑战的最佳方式"并非坚持古老的自由放任主义的办案模式，而是要力图平衡当事人个人主动性与法官适当程序控制之间的关系"。① 当事人当然要认可法院的程序指挥权，但法院不能独掌程序运行。诉讼如何展开直接涉及当事人的程序利益，作为程序主体，当事人应当有程序上的话语权和处分权。当事人可"基于其程序处分权，在一定范围内决定如何取舍程序利益"。② 对此，法院有注意和检视自身职权行为的职责，不能以不合法的职权行为作为基础，以有瑕疵的程序作为基准继续推进诉讼；当事人在法院未能尽职检视自身职权行为的前提下，可以程序主要参与方的身份和地位表达不服，寻求救济。

从法院裁判行为角度而言，此种行为是"根据诉讼法或实体法"做"正式宣告"③。但这种"断定"或"宣告"与当事人诉讼权利有密切联系，对法院程序性"断定"或"宣告"进行制约，在很大程度体现了当事人诉讼权利的保障和救济状况。除判决外，法院裁定、决定和命令等程序性职权行为，以及一些不以上述形式体现的法院程序性处分行为，也与当事人诉讼权利密切相关。现行法对法院程序性职权行为明确有约束措施的，局限于少数几种裁定、决定等。即使是法律明文规定的几种裁定、决定事项，诸如准许或不准许撤诉、中止或终结诉讼、补正判决书笔误等裁

---

① ［意］莫诺·卡佩莱蒂. 当事人基本程序保障权与未来的民事诉讼 ［M］. 徐昕译. 北京：法律出版社，2000：10.

② 邱联恭. 程序选择权论 ［M］. 台北：三民书局，2004：8.

③ ［德］罗森贝克等. 德国民事诉讼法 ［M］. 李大雪译. 北京：中国法制出版社，2007：377.

定事项，以及顺延耽误诉讼期间申请、当事人提出缓交、减交、免交诉讼费等决定事项也没有配置救济约束。一些以"责令"形式表现出来的法院命令①，虽然其"职权色彩最明显"，且"要求特定主体单方面履行"，但是"几乎没有任何救济机制"，不许上诉和复议②。此外，很多可能损及当事人诉讼权利，而不以裁定、决定、命令等形式体现出来的程序性职权处分行为，包括合议庭审判人员的行为、审判辅助人员的行为等，则更难约束。显然，如仅仅着眼于以裁定、决定形式体现出来的法院职权行为的制约，一些法院职权行为就缺乏及时有效的约束，当事人诉讼权利保障缺口较大，整个民事诉讼模式也难以实现真正的转型。也正因如此，如法律没有明文规定使用裁定、决定的场合，法院就应有意避免采用上述行为方式，以免遭受当事人不服的声明。

二、救济配置过度

除救济配置缺位的缺陷外，某些诉讼权利的救济过度也值得注意。所谓救济过度，是指立法对某些诉讼权利配置的救济层次过多，救济强度过大，导致救济保障成本的不适当支出。过度救济在形式上充分表达了对某些诉讼权利的重视与关怀，赋予诉讼权利被全方位保护的外在表现。但是，过度救济在体现其程序保障价值的同时，其副作用也是显而易见的。第一，过度救济使当事人合法获得拖延诉讼的机会，其所包含的救济方式成为当事人拖延诉讼的工具；第二，过度救济使当事人得以规避诉讼促进义务，以救济为名不当追求其他程序或实体利益；第三，过度救济减损诉讼效率，很大程度上影响对方当事人的程序利益。所以立法对诉讼权利配

---

① 2012年《民事诉讼法》第217条规定，债务人可对法院的支付令提出。但支付令事项并不属于本书论述范围。

② 何文燕.民事诉讼法学［M］.长沙：湖南人民出版社，2001：319；江伟.民事诉讼法（第五版）［M］.北京：中国人民大学出版社，2011：271.

置的救济要依据一定原则，适度地设计救济层次和救济强度。从广义的角度而言，过度救济包括了两个方面，一是救济层次过多，即只需一次救济的却配置了多次、不同层次、不同主体或不同程序的救济。二是救济强度过大，即只需普通救济的，却可能舍弃普通救济，在特殊救济领域"大开绿灯"。下文主要讨论前一种情况。

（一）某些具体的诉讼权利救济过度

一个重要例证就是 2012 年之前，民事诉讼法对管辖的救济配置。管辖是在案件系属法院后，对一审案件受理法院权属的一种分工制度。实践中，不同法院对案件系争的实体纠纷有不同判断，因此法院的管辖权行使直接影响当事人的公正审理请求权。2012 年修法之前，当事人如不服法院管辖权行使，首先可在原审程序内异议，并由该法院裁定，此为第一次救济；如对裁定不服，当事人可上诉，此为第二次救济；如对上诉终裁依然不服，当事人可继续寻求再审救济。综上，这种不考虑其他可能的情况，为管辖权行使问题赋予一以贯之的三次救济机会（包括诉中救济和特殊救济），即为"程序过剩"①，实质为诉讼权利的"救济过度"。2012 年的修法就法院管辖权行使的救济作出了部分修正，将管辖错误问题不再作为再审事由，但是依然明确保留了异议及独立上诉的救济。

其他诉讼权利，特别是立法明确许可在一审程序中异议及复议的诉讼权利，理论上，均可能得到三次救济机会，救济强度较高。比如，在一审程序中发生诉讼权利受损事实，当事人先可循异议或复议救济，此为第一次救济；对异议不服，因无限制规定，又可提起上诉，此为第二次救济；上诉救济后，当事人还可能依再审的列举事由或弹性条款寻求特殊救济，此为第三次救济。现行法中，回避决定、不予受理和驳回起诉的裁定，保全行为或先予执行之裁定等，在理论上均可获得从普通救济到特殊救济的

---

① 张卫平. 管辖权异议：回归原点与制度修正 [J]. 法学研究，2006 (4).

一以贯之的全程救济①,上述事项,存在救济过度之嫌。

(二) 简易程序中的诉讼权利救济过度

任何诉讼权利的救济都从属于一定的程序和案件,救济配置不能脱离具体程序和案件的细微考量。现行民事诉讼法对所有程序和案件,不加区分地统一规定了救济规则,简单化地为诉讼权利配置了异议、复议、上诉和申请再审。具体而言,救济配置逻辑对象较多侧重于普通程序和普通案件,较少根据对象的不同进行差异化的特殊规定。在案件实体审理上,立法对"事实清楚、权利义务关系明确、争议不大"的简单案件,设定了与普通程序相区别的简易程序②;但在诉讼权利救济的角度,立法对简易程序中的诉讼权利救济,却基本没作出不同于普通程序的特定安排。普通程序中,赋予当事人充分的辩论权、证明权、受通知权等,并以普通救济和特殊救济方式进行保障,此为"慎重裁判之程序保障"③的必要。但是,对于简易程序案件,根据"费用相当性原理",防止程序保障使当事人遭受不合理的利益浪费和牺牲也同样是一种必要。对简易程序及其案件而言,审级救济的程序保障越多,越背离"简速裁判之要求"④。诉讼权利适度救济给了当事人通过抗辩寻求程序保障的机会,但是过度救济也带来诉讼迟延,特别是基于简易程序制度目的,以及其追求效率的价值取向,不宜采取与普通程序同等的救济保障。在整体上,过度保障未必对当事人的程序及实体利益有益。因此,简易程序及其案件中赋予当事人采取

---

① 最高人民法院《关于在经济审判工作中严格执行〈中华人民共和国民事诉讼法〉的若干规定》第19条,受诉法院或上级法院发现采取财产保全或者先予执行措施确有错误的,应当按照审判监督程序立即纠正。

② 此处简易程序的论述不包含小额诉讼案件。实际上,民事诉讼法对小额程序中的诉讼权利救济有一些特殊安排,比如管辖异议的裁定和驳回起诉的裁定,一经做出立即生效(参见最高人民法院《关于适用〈中华人民共和国民事诉讼法〉的解释》第278条、第279条);又如通过再审程序对《民事诉讼法》第207条所涉及的诉讼权利的救济,法院做出裁判后,当事人不得上诉(参见最高人民法院《关于适用〈中华人民共和国民事诉讼法〉的解释》第426条)。

③ 邱联恭.司法之现代化与程序法 [M].台北:三民书局,1992:269.

④ 邱联恭.司法之现代化与程序法 [M].台北:三民书局,1992:272,291.

与普通程序一样的诉讼权利救济强度和层次，救济配置显得不够精确恰当。

三、救济方式缺少统筹性考量

精密性司法是现代诉讼程序发展的趋势。根据程序法定原则，立法精细化是司法精密性的必要前提。细致准确的制度规范、严谨科学的操作技术，也是诉讼权利救济机制的内在要求。当事人诉讼权利救济方式有多元化的形式特点，但各救济方式的程序特点和功能定位等方面并没得到很好地厘清，各救济方式的排列组合缺少逻辑上的缜密性，无既定的原理或标准引导各救济方式"对号入座"，救济方式配置略显凌乱。问题之一，各独立救济方式中，为不同的诉讼权利分别配置异议、复议或上诉救济，其法理依据是什么？异议和复议都是对法院程序性职权行为的制约措施，那么，何时配置异议，何时配置复议？为什么一些复议只能向本院提出，而另一些复议又是直接向上一级法院提起？问题之二，异议、复议，都单纯地作为当事人诉讼权利的诉中救济方式，其适用如何区隔？功能划分的依据什么？很显然，不同救济方式都有自己独立的功能适用"领地"，这种"领地"不应随意分派。问题之三，诉讼权利的上诉，包括独立上诉和附带上诉，其与异议、复议存在何种逻辑联系？问题之四，即使是针对当事人的实体利益救济，再审启动也受到严格限制，为何针对从未获得普通救济的诉讼权利，其能够轻易地、当然地被作为再审启动的事由？

救济方式功能定位清晰、内部逻辑关系严谨有序，这是救济机制有效运行、提升诉讼权利保障效果的必要前提。总体上，还需要进一步提升现行法上的诉讼权利救济方式配置的规范性，准确界定各救济方式的适用范围、配置原理等。

第三节　当事人民事诉讼权利救济系统构造

一、碎片化的诉中救济程序设计

"高程度的精确性、具体性和明确性"是法律规则的特征，法律过程的"一致性、连贯性"是司法公平公正的基础。[①] 救济制度承载保护当事人诉讼权利、推进程序规范展开的功能，是一种专业化、技术性很强的规范，对"精确性""一致性"则有更高的要求。但诸救济方式，特别是复议和异议，无论是在宏观的制度理念方面，还是在细节的操作技术方面，清晰化和规范化程度都有待加强。一方面，诉中救济的操作规则比较零散。复议和异议作为诉中救济方式，其操作规则只在某些具体场合才有零散地呈现，缺少专门针对诉中救济的体系化制度，理解和适用不便。另一方面，诉中救济的操作规则不太统一。在上诉和再审制度屡成修法重点时，亦需重视复议和异议的制度建构。实际中，诉中救济规则的整体性和系统性不够明显，出现了适用规则前后不太一致、碎片化的情况。因此，要突出复议和异议在整个诉讼权利救济体系中的地位，扩大其适用面，则两者的框架设计、具体适用场合的操作规则，以及其精细度都需要进一步提升。

首先，异议程序较为简单。（1）异议受理主体不明确。异议受理的主体是原审法院，但具体是由原审判组织（合议庭或独任庭）受理审查，还是要在原审法院内部实行回避，换由其他主体受理审查？诸多程序细

[①]　［美］E. 博登海默 . 法理学：法律哲学与法律方法［M］. 邓正来译 . 北京：中国政法大学出版社，2004：250-251.

节，现行法规定不太清晰。如对管辖问题及简易程序选择的异议，法律规定当事人异议的受理主体是原审法院，主体看似清晰，实则指向模糊；对当事人参与确费程序（法院对诉讼费用计算的程序）的异议，主体则确定为原审法院的院长；等等。（2）救济审查时间不一。管辖异议及确费程序的异议，异议受理法院的审查期限为15天，但简易程序选择适用的异议等没有限定法院审查裁决的时间，完全由法院自主决定。（3）异议裁决形式不同。发挥异议作用，要求异议受理法院积极回应。但立法对此项规定的内在法理脉络不太清晰。对某些异议事项，立法规定以裁定方式答复，如管辖异议答复；某些又以决定答复；或者根本就没有规定答复方式，如对简易程序适用和对调解书与调解协议不一致的异议，立法仅仅规定了原审法院的复核或审查责任，无答复方式之要求。（4）声明异议时间规定非常模糊。法定的救济申请期限是一种时间上的确定性，有利于当事人利用可预期的时间，综合评估法院程序性职权行为及其对自身的影响，此为行使救济行为的时间保障，对于当事人的价值不言而喻。《民事诉讼法》第130条规定管辖异议，异议提出时间为"答辩状期间"；相关司法解释规定以存在仲裁协议为由提出管辖异议的，要求当事人在"法院首次开庭前"提出[①]；对适用小额诉讼程序异议的，要求在"开庭前"提出[②]；在诸如独任审理异议、对简易程序适用异议等事项上，法律及相关司法解释并未设置异议时间的约束。这是否意味着当事人对上述事项的异议，可以宽泛地理解为"在诉讼过程中"的任意时间？毕竟，法院对适用独任审理、简易程序审理，包括对适用小额程序审理的自我纠错等情形，民事诉讼法及其司法解释都给予法院的一个特别模糊、可宽泛裁量的一段期

---

① 参见《关于适用〈民事诉讼法〉的解释》（2022）第216条。
② 参见《关于适用〈民事诉讼法〉的解释》（2022）第279条。

限——"在审理过程中"①。这种理解似乎在法理上有一定合理性,但是在操作上存在障碍。法理上,对于程序瑕疵,法院可依据职权随时予以矫正。那么,对于法院未意识到的、未发觉的程序问题,当事人似乎亦可随时提出异议。这对法院而言只不过是通过当事人声明的提醒,借助当事人的力量来获得规范程序合法运行的机会。既然允许法院随时矫正,亦应允许当事人随时通过异议方式来提醒,即当事人异议亦可奉行"随时提出主义"。在操作层面,法院随时矫正程序的权力来自诉讼程序指挥权,其可运用这种权力展开诉讼和维护程序的正当性,为了防止程序瑕疵影响的进一步扩大,法院应随时矫正程序,操作程序恢复到法律上的应然状态。但是,法律上并没有赋予当事人随时异议的权利。从当事人角度,相对于实体利益的重要性,当事人参与程序的主要目的并非程序利益。由于法院是实体利益的第三方,且出于对法院作为程序的专业操作主体的信任,赋予法院随时矫正程序的职责是双方均可接受的。但是,如果奉行"随时提出主义"的原则设置异议制度,可能导致程序陷入不可控的无序和迟延,程序问题的争议可能覆盖当事人更加关注的实体利益,这是当事人不愿承受的风险。所以,在操作层面,虽然给了法院随时矫正的机会,但是不能同等追求当事人异议的"随时提出"。质言之,在申请时间上,当事人异议依然要奉行"适时提出主义"。重要的是,现行立法对异议场景采取全列举性规定,这虽然提高了程序运行效率,但当事人"适时"提出机会过少,较大地减损了当事人救济的自由度。同时要认识到,行为的时间值,对于当事人行为是义务规定,也是权利规定,其意味着当事人异议的机会和可能。故此,立法有必要在赋予一定时间限定的前提下,在更多场合准允当事人适时异议。

---

① 分别参见《民事诉讼法》第43条、第169条,最高人民法院《关于适用简易程序审理民事案件的若干规定》第3条等。

其次，复议程序较为散乱。（1）复议受理主体不明确。多数情况下，复议受理主体是原行为法院，但对某些事项的复议，立法又规定向上一级法院提起。具体由法院的哪级组织进行处理，立法没有清晰的规定。特别地，如果案件实体争议不许或者无法上诉，如在小额程序案件或最高法院受理的案件，那么现行法所确定的复议事项应该如何进行处理？（2）救济申请时间不统一。与异议不同的是，立法对异议提出的时间规定比较模糊，但对被列举、可复议的几种事项，民事诉讼法均设定了复议的申请时间，在表面上给予复议更多的确定性保障。例如，申请回避决定的复议、申请对相关强制措施的复议均为 3 日[①]，对申请调取证据权的法院职权行为不服，申请复议时限也为 3 日[②]；申请保全裁定、证据保全裁定及先予执行裁定的复议为 5 日[③]等，但是从立法精细化角度来看，明显欠缺统一性的系统思维，且很难识别其中的规律性与逻辑性[④]。（3）救济审查时限不统一。审查时限规定可以约束法院自由裁量权，并从侧面反映了救济制度的立法技术和立法对当事人程序权利的尊重度。但与复议救济申请时限类似，对于救济审查时限，立法的逻辑性与合理性也不太明显，缺少事关当事人诉讼权利保障的细节处理。申请回避的法院审查时限为 3 日，有关保全或先予执行裁定复议的审查时限为 10 日，罚款、拘留强制措施的复议审查时限为 5 日，原《证据规定》中规定的申请法院调取证据的复议审查时限是 5 日等。（4）复议裁决形式各异，申请回避等事项裁决形式为"通知"，保全和先予执行等事项裁决方式原来为通知，2012 年修正为"裁定"；罚款、拘留等涉及当事人公正程序请求权事项的，法院裁决方

① 参见《民事诉讼法》第 50 条、最高人民法院《关于适用〈中华人民共和国民事诉讼法〉的解释》（2022）第 185 条。
② 需要说明的是，此条被 2019 年《关于民事诉讼证据的若干规定（法释〔2019〕19 号）》删除。
③ 参见最高人民法院《关于适用〈中华人民共和国民事诉讼法〉的解释》（2022）第 171 条，《民事诉讼法》第 84 条。
④ 表面上，立法似乎对法院程序性决定规定了 3 日申请时限，而对法院程序性裁定不服的，复议时限为 5 日。

式是"决定";等等。

二、平面化的救济方式功能定位

救济功能的平面化主要是指将立体化的救济体系进行同等顺位的处理,去除了救济体系的多维性和层次性,使得诸救济方式以一种断裂、零散的线条化方式存在。平面化样态的存在源自对诸救济方式功能层级的定位认识不清,忽视了救济体系中各救济方式递进关系的梳理。由此带来的结果是各救济方式功能过度集中于同一层面上,主次关系不分,时序顺位关系不清。依据前文论述,按照适用顺位,各救济方式可分成初次救济方式和再救济方式。初次救济方式是对受法院程序性职权行为侵损的诉讼权利,第一次声明不服可适用的救济;再救济方式是对前次救济再次声明不服,是前次救济的保障。现行法中,各救济方式在初次救济层面,功能交叉和重叠较多;在再救济方面,存在救济层次较少、诉讼权利的纵深保障不足等问题。

首先,初次救济层面功能定位的交叉。异议作为初次救济方式无太多争议。诉讼过程中,当事人对受法院职权行为损害的诉讼权利,应有便利、迅捷的通道声明不服。现行法中,管辖问题及程序选择权的异议等,都是作为初次救济方式,向原行为法院在本案诉讼程序中提出的。现行法中的复议对其所覆盖的诉讼权利,也同样扮演了初次救济的角色。与异议比较,除了个别复议事项须向上一级法院提起外,两者的适用对象性质、适用时间序列及功能效果等方面,几乎看不出有何区别。这自然就产生了一个问题:既然异议和复议都是初次救济方式,程序规则及功能差不多,那么,可否废除其中一个,统一规定由其中某一方式来承担初次救济功能呢?从救济功能定位来看,两者功能重叠较多,废除其中一个也不至于出现诉讼权利保障的大缺口;相反,在逻辑上,反而能够增强诉讼权利救济机制的形式理性。学界在论及诉讼权利保障或者法院职权行为制约时，基本也是将两者一并讨论，即复议为广义上的异议，两者在功能上似乎不存在本质的差别。① 故此，如何科学区隔异议和复议功能，明晰两者适用的边界，是救济机制未来完善的重要内容之一。

除了异议和复议外，上诉和再审也包含了初次救济的功能定位。上诉作为初次救济的定位包括两种情况，一是诉中的独立上诉。在诉讼过程中，允许当事人对初次受损的特定诉讼权利单独上诉。以诉中的独立上诉作为初次救济方式的诉讼权利，立法采取了全列举式、许可制。自从中华人民共和国民事诉讼法诞生以来，一直没有太多改变，适用的对象主要是不予受理和驳回起诉的裁定。在此需要特别说明的是，管辖裁定亦可独立上诉，但是管辖裁定的初次救济表现为当事人异议，对管辖异议裁定的上诉实际为诉讼权利的二次救济（再救济）。同时，按照现行法规定，管辖如无当事人的及时异议，可以识别为应诉管辖②，不存在事后再上诉的可能。也即，管辖异议是管辖上诉的前提。在管辖事项的救济方面，法律确定了一个原则，即舍弃初次救济，也就失去再次救济的可能。二是终局救济的附带上诉。在原程序展开过程中，因法律规定未有机会申请诉中救济，或者因当事人自身原因未能提出诉中救济的③，和实体权利救济一并提起上诉，要求通过二审来保障原程序利益。现行法中的很多诉讼权利并没有规定原审中的诉中救济，如与诉讼权利相关的程序利益严重受损，且原审是一审程序，那么在法理上是可以通过上诉获得救济的。此情形下的上诉也就具备了初次救济的功能。但是，当事人因自身原因，未能提出原审程序的诉中救济，事后可否通过上诉救济？当然，在法律直接赋予当事

---

① 张卫平教授将复议归入广义上的"法定异议"，将其定性复议型异议。参见张卫平．论民事诉讼法中的异议制度［J］．清华法学，2007（1）.

② 参见《民事诉讼法》第130条第2款。

③ 例如，当事人未能在法定时间内，或未在庭审中申请审判人员回避，而一审庭审已经结束的情形。

人诉中救济的情况下，当事人未能即时于原审程序中即时申请救济，除非涉及重大程序瑕疵，出于程序安定的原因，一般可以视为当事人对救济权的舍弃，不能再寻求上诉中的附带救济。此外，在原审程序中，经法庭充分释明，当事人明示或默示表示出对法院行为认可的，亦可视为当事人对救济权的舍弃，不能再寻求上诉中的附带救济。但是，上述两种情形的重要前提，是法律要为当事人在原审中提供更多诉中救济的可能。

如果说普通救济方式的初次救济功能定位还可以理解的话，那么，再审在民事诉讼程序中大规模、大面积地承担诉讼权利的初次救济功能就令人费解了。纵观再审的列举性事由，提供证据的权利、质证权利、申请法院调取证据的权利、辩论权、受通知权等，无论在理论上还是在实践中，都可以不经任何其他层次的救济，直接进入再审范围。此时，再审就是一种初次救济方式。这并非主张上述诉讼权利不值得再审机制的保障，而是必须认识到再审作为特殊救济方式存在的适用边界和幅度。出于既判力保障的要求，在民事诉讼救济体系中，立法不能将再审打造为一种无所不能的工具形象。相反，要突出再审适用的谦抑理念，确保其在特定条件下有节制地适用。现行法可以不经普通救济或舍弃普通救济，直接适用特殊救济，即将再审作为诉讼权利的初次救济方式，这在逻辑上和法理上显然说不过去。由此可见，再审救济的功能定位是存在问题的。

综上，在初次救济层面，有包括特殊救济方式在内的四种救济方式在同时提供保障。这很难说是诉讼权利有效保障的表现，也并非诉讼权利有力保障的例证。实际情况是，诸救济方式在初次救济的横向平面上，功能过度重叠，功能平面化倾向明显。这使得诉讼权利在受损后，必须直接承受最高层级的救济。由于缺乏救济层次，缺乏简易救济的选择，削弱了诉讼权利的保障力度，增加了救济的成本，也影响到了程序运行的稳定性。因此，此种立法安排绝非诉讼权利保障的福音。

其次，再救济层面功能发挥的不足。再救济是针对当事人不满初次救济结果而设置的救济方式。再救济方式的确立是诸救济方式纵向分层的结果和必然要求。理想状态的再救济，须在初次救济未能实现当事人程序利益保护的基础上提起。为了与初次救济区隔，再救济一般只能承受诉讼权利的第二次或第三次救济的功能。也就是说，提起再救济一般以初次救济为前提。再救济包括了诉讼权利的第二次和第三次救济等，现行法上的再救济方式包括了上诉和再审，前者是普通救济方式，后者是特殊救济方式。再救济可使诉讼权利获得纵深保障，因此发挥和强化上诉及再审的再救济功能具有重要价值。

现行法中，因为不附加限制，上诉是一种"大包大揽"的再救济方式，几乎所有在原一审程序中已然经过初次救济的诉讼权利，理论上均有向上诉法院提起救济的空间。再审在本质上是特殊的再救济方式，是对生效法院裁判的特殊矫正。从诉讼权利保障而言，再审救济的启动一般建立在原审程序给予当事人初次救济、二次救济机会，但救济效果未能满足当事人诉求的基础上。但比较遗憾的是，民事诉讼法经多次修订依然没有保证再审作为再救济定位的"纯洁性"和作为特殊救济方式的"补充性"。再审事由范围中的很多诉讼权利都无须以普通救济为前置条件；同时，对一些重要的诉讼权利，法律也没有明确普通救济的方式，某些受损的诉讼权利要直面再审救济。这就出现了初次救济"窄口径"，而再救济、特殊救济"宽口径"的情况。在诸救济方式的适用时序、适用对象范围等方面，需要进一步完善。

在总体上，上诉和再审都存在再救济的功能发挥不足之嫌。这也是各救济方式在初次救济层面的功能过度交叉、异议及复议适用面过窄等因素折射的结果。上诉和再审的再救济功能实现的效果与初次救济程序规则的调整密切相连，这包含两个必须考虑的要素：（1）要存在其他的初次救济方式。如果没有其他有效适用的初次救济方式，上诉或再审就直接面临由其自身作为初次救济方式的尴尬局面，那么也谈不上发挥两者的再救济功能的可能性了。① （2）其他初次救济方式有较大的适用面。如果其他初次救济方式的作用范围过小，那么通过链条式地向上传递，绝对导致再救济范围更小，上诉和再审的再救济功能实现也将受阻。就上诉而言，上诉的再救济功能范围，仅限于在一审程序中被许可独立救济的诉讼权利，即被许可异议或复议的诉讼权利②，如申请回避事项、对管辖异议事项、保全事项、申请法院取证事项等，与一审中被许可异议和复议的范围存在着一种对应的关系。因为，没有初次救济，就谈不上再救济。与上诉相比，再审的再救济功能发挥与其自身的定位联系更紧密。现行法中的再审事由表明，再审在很多情况下不适当地承担了诉讼权利初次救济的功能，其发挥的功能在于初次救济，而不是集中于再救济。这是救济体系的系统性问题，出于当事人诉讼权利保障要求，单方面的压缩现行法中再审救济的范围显然无法合理实现再审功能的纯粹化。

三、各救济方式的衔接不够顺畅

唯物辩证哲学和现代系统论都强调，要以全面的视角看待整体与组成要素的关系，更要从联系的视角观察各组成要素之间的内部关系。诸救济方式是救济系统的组成要素，救济方式是个体，救济系统是整体。看待个体与整体，要有"方法上的个体论"，也要有"本体上的整体论"。③ 救济机制有效运行离不开个体个性功能发挥，但更离不开救济系统的整体功能发挥。目前，各救济方式之间还存在条块分割明显、自我设限封闭等问

---

① 此种情况下，上诉和再审本身就是初次救济方式。
② 这并不包括一审程序中许可独立上诉的诉讼权利范围，因为现行法中的此种情况，上诉本身就是初次救济方式。
③ ［美］蒂莫西·希尔. 论马克思的整体论［J］. 汤伯杞译. 国外社会科学，1989（9）.

题，各救济方式之间或未有衔接，或衔接关系不太合理。

首先，各独立救济方式缺少纵向面的衔接。如前文所述，异议和复议之间仅在初次救济层面存在一些横向分流关系;① 在纵向层面则没有考虑衔接关系，两者之间出现无衔接的空白状态。换言之，因缺乏纵向上的内在联系，没有形成诉讼权利的独立救济序列，也未形成能更好地保护诉讼权利的救济体系，较大地影响了诉讼权利的保障层次。其次，诉中救济和上诉的不合理衔接。源于上诉的"普惠式"立法，也为了满足当事人诉讼权利再救济的需求，确立以异议和复议为主体的独立救济方式，无须任何筛选过滤，可以无条件地与作为附带救济方式的上诉对接。经异议或复议救济后的诉讼权利，大多可平行进入上诉再救济的范围，在一定程度上，诉讼权利的独立救济与附带救济几乎可没有障碍地衔接，混合适用。最后，普通救济与特殊救济的不合理衔接。目前，有关普通救济方式与再审救济方式衔接的规定较少，两者之间并没有构建起流畅且严谨的衔接机制。再审制度的历次修改，其突出的特点就是专注于本身的自我完善，较少考虑与其他救济方式的衔接关系和对接条件。再审列举的"程序化"的启动事由，与当事人诉讼权利的保障息息相关。但因其未能于一体化视角下推进整个救济系统的完善，在一些情况下忽略了再审与其他普通救济方式原本应该存在的有机联系，导致某些被列举的诉讼权利可不经过普通救济的过渡，直接进入再审通道。

因缺乏"整合性思维"和"综合的统摄分析"，诸救济方式过于孤立，原本救济系统诸要素之间应该存在的多样化联系和有机化联系，异化为一种简单的圆桶式、机械化的联系。当事人完全可以放弃、忽视初次救

---

① 对救济机制衔接以及二次救济保障的问题，我国民事诉讼程序中有一个不同的规定，即在执行管辖及执行行为中，如当事人申明异议，其递进的再救济方式被确定为"复议"。参见《民事诉讼法》第232条，最高人民法院《关于适用〈中华人民共和国民事诉讼法〉执行程序若干问题的解释》第3条。虽然执行程序内容不属于本书讨论范畴，但也由此可见异议和复议适用的定位不明、对各救济方式关系处理的安排较为简单。同时，上述规定也从某个侧面表明了立法者对异议和复议之间的递进保障关系之认可。

济，直接启动上层级的救济。这种具有较强封闭性的、较为割裂的关系处理，导致了各救济方式在功能衔接上出现了"断层"，难以形成"金字塔"式的救济层次，同时也加重了再救济的负担，特别是加重了再审救济之负担。

第四节　当事人民事诉讼权利救济机制运行的结果分析

如前文分析，诸多不利因素将直接降低诉讼权利救济机制运行的品质，产生一系列不良的后果。

一、终局救济适用的中心化趋势

诉讼权利救济机制的运行受救济受理主体背后的权力机制支配，救济受理主体的行政级别地位越高，则救济结果也更具有权威性。现行救济体系在救济方式的组织和配置过程中，比较重视救济受理主体的行政层级因素，上级法院的复审和判断被视为诉讼权利救济的"最佳"选择，表现出了一定的救济行政化和"终局救济中心主义"思维。具体而言，就是大部分救济任务被派给上层级法院，且配置了较多的特殊救济方式；同时，较为严格地控制原审救济和诉中救济，压缩简易救济和独立救济方式适用的弹性，表现出对审级救济和终局救济的特殊偏好。也即，在某种程度上，现行诉讼权利救济机制将诉讼程序的"质量控制权"授予"上级官员"，忽视了初审功能的重要性，而可否上诉或进行审级救济成了救济机制是否正当的判断标准之一。因此，在科层式诉讼结构中，上诉权被奉为公民的一项基本权利也"不足为奇"。[①] 我国诉讼权利救济机制中，异议及复议所涵盖的小部分救济事项属于原审救济，大多的诉讼权利须经由审级救济、终局救济获得保障。换言之，虽然原审救济有着显而易见的、不可取代的优点和价值，但上级法院的垂直审查在各救济层级中仍然居于核心地位，发挥主导性作用。也即，立法将诉讼权利的救济质量与救济法院的行政层级联系起来，凸显了上诉和再审在整个救济体系中的地位和功能，而原审救济、独立救济的基础性价值未能得到充分彰显。

两大法系对当事人诉讼权利的保障程序中，高层级法院的复核也是诉讼权利救济机制的重要组成部分。但在整体上，其更加强调对程序权利的同步救济，也就是在原审法院、在原审程序中展开救济。在某些情况下，上诉救济可能要获得下级法院的许可。[②] 当前，我国诉讼权利救济体系对原审救济和独立救济的关注不够，当事人提起上层级救济的条件较为宽松，一定程度地导致了审级救济和特殊救济的功能超载。

二、特殊救济方式的普通化趋势

特殊救济方式的普通化即再审的普通化适用，主要表现为再审过多地承担了普通救济的功能，在"金字塔"式的救济体系中，再审并非以"塔尖"方式矗立于顶端。这是科层式救济结构映射的"后遗症"，也是其他多种因素综合的结果。

首先是再审事由范围的因素。当诉讼程序确实存在重大瑕疵时，允许当事人申请再审冲破生效裁判的既判力，要求法院再次通过公正的程序来

---

① ［美］米尔伊安·R.达玛什卡.司法和国家权力的多种面孔：比较视野中的法律程序［M］.郑戈译.北京：中国政法大学出版社，2004：75-76.

② ［美］米尔伊安·R.达玛什卡.司法和国家权力的多种面孔：比较视野中的法律程序［M］.郑戈译.北京：中国政法大学出版社，2004：91.

解决当事人之间的冲突，这是完全必要的。^①这也是 2007 年民事诉讼法修法将再审事由程序化的原因之一，其试图通过再审制度的封闭性改造，消除当事人"舍法求法"^②的情况，但其依然存在诸多欠完善的地方。突出的一点就是，再审事由的规定造成了大量无法获得普通救济和简易救济的诉讼权利，可获得再审救济的事实。比如，适用法律错误即是诉讼权利突破再审事由范围限制，切入再审的一个可大可小的入口。同时，如前文所述，辩论权涵摄范围宽广，"剥夺辩论权"作为再审事由使很多受损诉讼权利能够借由再审寻求救济。对比之下，现行法中的异议和复议等简易型独立救济方式，并不存在任何适用弹性。退一步来说，即便不考虑再审适用的弹性条款，在应当再审的列举性事由里，被列举的可再审诉讼权利数量上也远超诉中救济范围。

其次是再审功能定位的因素。再审自身定位是导致特殊救济普通化的重要原因之一。在特定条件下，再审确实可承担当事人诉讼权利的初次救济功能，我国立法也并不禁止再审作为诉讼权利的初次救济方式。在形式上，法律授权当事人可以直接援引再审救济，让再审适用于初次救济，体现了立法对当事人诉讼权利的人文关怀。但很显然，无论是相对于实体权利还是程序权利，再审性质上仍然是特殊救济方式。这种顶端的特殊救济"栅栏"如果可以较轻易地突破，^③当事人有了无条件的兜底保障，便可能忽视在形式上和实质上仅具初次救济功能的低层级保障。同时，一些在原审程序中未能得到满足的实体权利，当事人可以借诉讼权利保障之名，以"搭便车"的方式进入再审，更大程度上损害了生效裁判的既判力。

---

① 李浩. 司法公正与民事再审事由的修订 [C] //2007 年江苏省哲学社会科学界学术大会论文集（上）. 南京：江苏人民出版社，2007：2015.

② "舍法求法"的意思是当事人舍弃法律框架内的救济渠道，舍弃司法裁判和正式的法律途径，通过其他非正式救济途径寻求按照"法律规定本该得到的公正"。参见夏勇. 舍法求法与媒体正义 [J]. 环球法律评论，2005（1）.

③ 至少，那些被列举的、可再审的诉讼权利，要启动再审救济并非很难。

最后是再审过于封闭化的因素。特殊救济普通化与普通救济方式的功能发挥有密切联系。夯实普通救济的功能是维护再审特殊性的基础。当普通救济保障功能乏力，尤其是异议和复议等简易救济功能乏力，即便是再严格的再审条件，在实践中也难阻止诉讼权利"涌入"再审通道的企图。救济体系中的再审与其他救济方式的互动或联动关系没有完全建立起来，未能较好地梳理再审与普通救济机制的有机联系，因此，被救济体系所忽视的普通救济方式所应该承担的救济功能，不可避免地被分摊至再审序列。这与立法着力限缩再审范围、提高再审门槛的考虑并不一致。因此，再审进一步的完善离不开救济体系的整体视角，应该全面而科学地处理再审与普通救济的关系，设置好再审适用的"栅栏"。

三、救济成本的扩大

诉讼成本、解纷时间和适用法律的正确程度是影响司法品质的主要因素。[①] 其中，"诉讼成本和费用的问题是所有民事司法系统的中心问题"。[②] 原审救济少、移审救济多，诉中救济少、终局救济多（或者说事后救济多）的诉讼权利救济结构与诉讼运行成本的增加有直接联系，亦背离民事司法改革目标（提高效率、公平正义等）。诉讼成本包括"错误的司法判决成本"和"诉讼制度运行成本"。[③] 现行的诉讼权利救济机制，在降低诉讼制度运行成本、减少错误司法判决的成本等方面，效果都不太理想。

（一）救济机制运行的成本

首先，移审救济对诉讼成本的影响。异议和多数复议是原审救济，是

---

① John Leubsdorf, The Myth of Civil Procedural Reform, in Civil Justice in Crisis, edited by Adrian A. S. Zuekerman, Oxford University Press, 1999, P55. 转引自王建源. 迈向对话的正义——协商性司法的制度逻辑及本土实践 [J]. 司法改革评论, 2007.

② Christopher Hodges, Stefan Vogenauer, Costs and Funding of Civil Litigation: A Comparative Study, http://ssrn.com/abstract=1511714.

③ [美] 理查德·A. 波斯纳. 法律的经济分析 [M]. 北京: 中国大百科全书出版社, 1997: 716.

诉讼权利直接在本次诉讼过程中获得简易救济的方式。但现行法上的绝大多数诉讼权利则进入审级救济序列中，须移审救济，如上诉、部分复议事项。再审虽非严格意义上的审级救济，但依现行法规定，再审一般须向原审法院的上一级法院提出申请，其程序复杂度还高过一般性的审级救济。[①]无论审级救济是否产生中止原审程序的效力，新开审级客观上将导致诉讼程序运行成本的增加。诉讼权利救济所消耗的时间、劳费等成本，显然远超原审救济，如学者所言，"审级救济往往增加诉讼的劳力、时间和费用等成本"，另外还可能"有悖于适时审判请求权或权利有效救济请求权之保障"；同时，值得关注的是，审级救济一般难以排除因"下级审违反诉讼经济的行为"而带来的"适时审判请求权之侵害"，此时，审级审理往往"亦无实益"[②]。其次，程序繁简度对成本的影响。程序繁简度与诉讼主体的诉讼成本负担、诉讼效益、诉讼周期等存在"重要的对应关系"[③]。无论从何种角度来说，相对于异议和复议，上诉和再审是一种程序烦琐、复杂的救济，立法敞开包括上诉和再审在内的终局救济入口，控制包括复议和异议在内的诉中救济的弹性和入口，导致了诉讼权利救济成本的直接上升。即便是复议需要移审救济，但因无须开庭审理、言辞辩论，其程序复杂度也远低于上诉。特别值得关注的是，如诉讼权利初次损害事实发生于原二审程序、小额程序中，则大多数情况下，诉讼权利只能获得再审保障，很显然，这种救济耗费将远超简易救济。

（二）程序错误的成本

如果舍弃原审程序中即时救济，这意味着不能及时去除或"治愈"

[①]　2012年修改后的《民事诉讼法》第199条规定，当事人对已经发生法律效力的判决、裁定，认为有错误的，可以向上一级人民法院申请再审；当事人一方人数众多或者当事人双方均为公民的案件，也可以向原审法院申请再审。此后一直保持此种规定。

[②]　沈冠伶．诉讼权保障与裁判外纷争处理［M］．北京：北京大学出版社，2008：37．

[③]　顾培东．社会冲突与诉讼机制［M］．北京：法律出版社，2004：95．

原审的程序瑕疵，则原程序运行下的结果公正也难以得到保障，直接影响实体判决的准确性。虽然放弃原审救济，另开程序救济或许能达到诉讼权利保障的效果，但这也意味着基于原程序运行结果的废弃，需要启动重复消耗司法资源的复审救济。"现代司法首重程序，但程序可无限度的周延化，法院的资源却是十分有限的。"① 因此，在国家角度，救济制度的安排不能非理性地浪费公共司法资源。特别地，现行法规定，原审法院如严重侵犯当事人诉讼权利、严重违反法定程序，而复审法院无力矫正原法院的程序瑕疵，或发现这种程序利益是强行法所规定的，或涉及当事人重大程序利益，则一般只能将案件发回重审。这可能进一步扩大程序错误的成本。对于当事人和法院来说，这些无谓的资源消耗和成本支出是令人惋惜的。

综上，在一些情况下，现行救济机制的运行在给予诉讼权利保障的同时，还带来减损当事人程序利益或实体利益的副作用，甚至给当事人带来的程序或实体成本要远高于救济后的可得利益。在这个层面，由上诉、而非诉中救济来承担诉讼权利救济的主要任务，以及未能尊重成本更加低廉、适用更加方便、效率更加突出的原审救济的优先适用性，舍弃更简易的复议救济，在逻辑上显得不尽合理。同时，"发回重审"意味着当事人必须再经受一次初审程序，以消除原审程序的错误，这种程序错误原本就发生于原审法院，一般情况下应该允许、鼓励原审法院同步地及时矫正这种错误，避免错误成本转嫁于当事人。

四、救济功能失灵

（一）对法院程序性职权行为的矫正功能

救济机制保障功能亦可衍生出协调的功能。救济机制的启动和运行，在保障当事人诉讼权利、约束法院职权张力的同时，也在调和当事人与法

---

① 苏永钦.司法改革的再改革 [M].台北：月旦出版社，1998：325.

90

院可能的紧张关系，保持当事人诉讼权利和法院程序性职权在诉讼程序中形成一种近乎均势的力量格局。这种均势格局中，法院与当事人不存在纵向序列的垂直管理与被管理关系，而突出两者对诉讼程序运行的平行参与。所有的救济方式，都在一定程度上适时发挥着制约法院程序性职权行为、协调当事人与法院关系的功能。

但必须看到，在空间范围上，救济机制对法院行为的覆盖面不够周延；在时间角度上，当事人不能在恰当的时间点及时申请矫正法院职权行为，不可及时形成对法院职权行为的约束，即便存在后续救济机会，也可能因丧失最佳救济时机，降低甚至丧失救济机制的制约效果。质言之，过窄的覆盖范围以及不合理的适用时机，都会影响到救济机制功能的实际发挥，诸救济方式很难在更合适的时机、场合介入矫正法院程序性职权行为，并协调当事人与法院的关系。也正因如此，立法有必要精细化塑造救济操作制度，赋予当事人在恰当的时间、以相称的方式对法院表达不服的机会。仅仅存在救济机制，但如果矫正范围、矫正时间点及矫正措施配置不适当，也可能直接导致救济机制的功能失灵。

（二）诉讼权利的保障功能

救济制度给了当事人根据自身需求捍卫诉讼权利的可能。但是，当救济体系存在救济启动不便、救济范围过小、救济时间滞后、救济程序复杂、救济成本过高等情况时，当事人参与诉讼程序治理、寻求程序保障的欲望就会被大幅压缩。实践中，在实体判决结果基本符合期待的前提下，当事人将舍弃程序利益的救济。实际上，诉讼过程中的当事人期待法院尊重其主体地位，也期待有便捷的、多样化的救济方式为其程序利益提供保障。一个基本的判断是，程序公正与诉讼效益都是民事诉讼的内在价值，寻求以最经济的方式来实现程序公正是当事人的自然追求。程序公正在诉讼领域具有基础性地位，但要尽可能地以较少资源投入来获得程序公正。①正因如此，当事人自然趋向舍弃高成本投入的程序利益。在当事人角度，这种舍弃也即被动放弃对法院失当职权行为的纠正，意味着对法院程序性职权行为监督和制约力量的减弱。

（三）社会冲突的修复功能

救济机制功能发挥状况不但直接影响个案中诉讼权利的保障，也影响实体权利的分配，并进一步影响当事人之间纠纷或冲突的解决。如果由于救济启动不便、救济成本过高等而使程序利益得不到保障，当事人可能将实体利益败诉结果归结于救济机制的不完善。当事人可能因无法承受败诉结果，而试图通过启动程序化的再审来获得救济，致使纠纷在原审程序中得到最终解决。也即，如果程序运行结果未能满足实体权利的请求，当事人则可寻求诉讼权利受损事由，启动包括上诉和再审在内的救济，意图通过诉讼权利救济，逆转原判决、改变实体结果。诉讼权利救济机制的启动和运行，在很大程度上受到当事人不满实体结果的驱动。个案冲突是社会冲突的一部分，如果救济机制能高效地化解个案纠纷，则能通过修复个案主体之间受损的社会关系来平息社会纠纷。但是，如果法律框架内的救济机制功能失灵，那么可能会出现两种后果：一是在法律程序中，当事人可能力求再次启动高层次救济的机会，试图利用诉讼程序本身的机制来改变原先的不利后果；二是在诉讼框架外，当事人也可能寻求其他解决方案，试图通过其他社会救济方式甚至是非正当方式来改变不利的结果。无论出现上述哪种后果，可以肯定的是，作为诉讼源头的纠纷并没有得到解决，当然，也没有达到民事诉讼最终目的，这不但会持续影响冲突主体的关系，也将持续影响社会秩序。因为，诉讼"是冲突在社会中的最后滞留时

---

① 《民事诉讼法学》编写组. 民事诉讼法学［M］. 北京：高等教育出版社，2022：47.

间"，冲突的存续至少可局部地影响社会关系稳定。① 故救济机制既是个人利益保障机制，也是修复社会冲突的机制，不成熟的救济机制将失去其平息社会冲突的重要功能。

---

① 顾培东.社会冲突与诉讼机制［M］.北京：法律出版社，2004：91.

第四章　比较视野中的民事诉讼权利救济机制

　　基于地域情况以及传统的影响，不同国家和地区的诉讼权利救济模式也不同。模式是对事物形式上的稳定特征和内在规律的概括和抽象。诉讼权利救济机制运行模式，是指当事人诉讼权利救济系统在运行过程中所表现出来稳定的特征及其规律性，具体包括各救济方式对诉讼权利配置、各救济方式的功能定位、内部关系安排等内容。当事人诉讼权利救济机制的健全离不开对本土的传统法律文化传承，同时，因民事诉讼制度"属于一个与社会道德习惯无关的技术性、专业性领域，与实体法相比更容易继受"①，所以，域外的相关制度虽非普适标准，但仍可作为思考我国当事人诉讼权利救济机制的参照。考虑到我国民事诉讼法深受大陆法系之影响，下文主要以德国、日本②和法国民事诉讼法的相关制度作为分析对象。

---

　　① ［日］新堂幸司. 新民事诉讼法 ［M］. 林剑锋译. 北京：法律出版社，2008：43.
　　② 日本早期接受大陆法系影响，"二战"后日本法深受普通法系影响。对比两大法系特点，总体上日本法律制度仍属大陆法系。参见 ［美］约翰·亨利·梅利曼. 大陆法系 ［M］. 北京：法律出版社，2004：5，158.

第一节　大陆法系诉讼权利救济机制运行的基本理念

大陆法系国家虽然没有直接提出诸如英美法系"救济先于权利"的程序优位理念，但对于当事人诉讼程序权利的保障及救济，也秉持积极肯定的态度，重视当事人诉讼权利救济制度的建设和完善。大陆法系国家当事人诉讼权利救济制度秉持下述基本理念。

一、诉讼权利救济与实体权利保护并行

在德国、日本和法国的民事诉讼理论中，当事人程序性权利救济是民事诉讼法的重要内容，且往往和实体权利保护联系在一起，并列讨论。在上述国家民事司法理念中，诉讼权利和实体权利既相对独立、相互区别，又紧密联系。它们认为，程序运行结果极大影响实体权利，不同的诉讼过程可能导致实体结果的巨大差异。因此，程序运行的实质结果必须公正，外观的形式也必须公正。[①] 民事诉讼法本身目的是"在发现真实的基础上实现实体法"。但同时，"诉讼程序如不存在严格的形式"，则无法实现上述目标。[②] 日本民事诉讼诸多理论及制度承袭自德国，与德国和法国学者一样，在强调形式正义和程序正义等价值目标时，在强化当事人诉讼权利救济制度的同时，没有脱离实体权利保护的语境，但也没有陷入"实体权利本体论"的观点。他们认为，诉讼权利的保障程度在一定意义上决定了实体权利的保护力度，诉讼权利的精细救济是实体权利保护的延伸。

---

① ［日］谷口安平. 程序的正义与诉讼［M］. 王亚新等译. 北京：中国政法大学出版社，2002：6，16.

② ［德］汉斯·弗里德黑尔姆·高尔. 民事诉讼目的问题［M］//米夏埃尔·施蒂尔纳. 德国民事诉讼法学文萃. 赵秀举译. 北京：中国政法大学出版社，2005：25.

二、诉讼权利救济与法院权力制约并行

德国、法国及日本的诉讼权利救济与法院职权的制约紧密联系，甚至可以说，诉讼权利保障和法院职权约束是同一事物的"一体两面"。德国、日本及法国的法律都赋予当事人诸多的诉讼权利，当事人"在诉讼程序中享有的权利实际上是对法官权力的直接限制"①，但如无救济机制，这种诉讼权利不但不能限制法官权力，还可能受到来自法院职权行为的侵损。在上述国家的民事诉讼法律中，救济是一种强制嵌入于程序之中，用以评判、矫正法院行为的机制，诉讼权利救济的目的是防止程序的运行和裁判由法院专断，使法院决策建立在多元观点基础上。同时，现代裁判过程是一个高度技术化的过程，与此相应地，也需要一种精细的、用以防止和矫正裁判侵权的控制机制。不可控制或没有矫正机制的诉讼程序将沦为专横的程序。可以说，诉讼权利救济和法院行为控制是一个统一体。诉讼权利救济的原因来自法院不当或违法的职权行为，救济的过程在某种程度上实际表现为对法院权力的控制和对法院行为的矫正。

三、救济范围设定与边界限制并行

在德国、日本民事诉讼法中，对可能受到法院行为侵损的诉讼权利，明确规定了很多可救济的情形和救济措施。即使不能救济，法律也采取明示方式确认。一般而言，诉讼权利的救济力度和强度建立在救济范围宽度的基础上。救济范围的宽窄影响到当事人诉讼权利保障力度。德国和日本民事司法中的当事人诉讼权利范围十分广泛，比较而言，法国当事人诉讼权利救济空间有所收缩，法院职权因素较多，但在诉讼权利的救济范围确认方面，法国同样十分明确，救济范围可预期性强。诉讼权利救济范围一

---

① 王亚新. 社会变革中的民事诉讼 [M]. 北京：中国法制出版社，2001：42.

般交替采取"范围肯定"和"范围排除"的方式来进行确认。救济范围肯定包括列举式肯定和概括式肯定两种形式。列举式肯定是对受法院职权行为影响的当事人诉讼权利——规定可否救济。德国、日本和法国民事诉讼权利大量运用了此种规定。概括式肯定就是总体上对某一个阶段、受法院某种类型的职权行为影响的当事人诉讼权利原则性规定都可以采取相应的救济。在立法技巧上，诉讼权利的列举式肯定与概括式肯定有所区别，概括式肯定的立法工序相对简要，列举式肯定相对复杂些。但在效果上，无论采取何种方式肯定，已由法律所确认的可诉诸救济的诉讼权利在受到法院职权行为侵损时，当事人都可依法直接寻求救济。法院应积极施救，不可拒绝。

第二节　独立救济及附带救济并行的模式

以德国、法国和日本为代表的大陆法系国家，当事人诉讼权利救济机制采取的是一种"金字塔"式的运行模式，即在诉讼权利救济体系中，普通救济方式一般开放适用，特殊救济方式严格受限，层级越高的救济方式所面对的救济范围越小。其中，普通救济方式是当事人诉讼权利救济机制的重心，特殊救济方式是有节制、严格受限的救济措施。根据上述国家救济机制运行的特点和立法的特点，"金字塔"式救济机制运行模式又可以区分为以德国和日本为代表的独立救济与附带救济并行的"双轨"模式，以及以法国为代表的附带救济的"一元"模式。

一、德国法中的民事诉讼权利救济机制运行模式

程序权利和实体权利的平衡保护是德国民事诉讼理论的核心问题之

一，在实质结果的基础上重视当事人程序权利的保护是德国立法的基本特点。德国学者认为，实体权利维护对于当事人非常重要，组织程序及程序行使的本身是"实现特定目标的手段"[①]；但是，民事诉讼法的立法目的是在"发现真实的基础上实现实体法"，"诉讼程序如不存在严格的形式"，就无法实现上述目标。[②] 按照此种逻辑，他们认为，民事实体结果很重要，但实体结果的实现不能超越程序，真实的实体结果出自公正的程序，所以要及时矫正诉讼中法院侵损当事人程序权利、违反程序的行为。

德国立法中的当事人诉讼权利救济体系有两套：诉讼权利的独立救济体系和附带救济体系，前者是诉讼过程中的救济，包括了异议、即时抗告、法律抗告、再审等具体救济方式；后者是原审终局判决后的救济，包括控诉、上告和再审三种救济方式。

（一）德国当事人诉讼权利的独立救济机制

德国立法中，有关当事人诉讼权利的法院裁判多以程序性裁决方式进行，所以，诉讼权利的救济即等于法院程序性裁决行为的约束。具体而言，独立救济是指在本案诉讼过程中，对受到法院裁判行为损害的诉讼权利，当事人单独向法院提起的救济，这也是诉讼权利的主导性救济方式。其中，异议、抗告、法律抗告是普通救济方式，再审是特殊救济方式。

异议在德国民事诉讼法中，是一种比较独特的救济方式。针对法院程序性裁判，异议可以被较大范围地适用但并无体系化的规定，不若抗告，德国民事诉讼法以专章专节方式，成体系地规定了其操作细节。形式上，异议并不从属于"金字塔"式的救济体系中的任何救济层级；但实质上，异议在诉讼权利救济体系中的地位越来越重要。广义上，德国法中的异议

---

① ［德］沃尔弗拉姆·亨克尔. 程序规范的正当性［M］//米夏埃尔·施蒂尔纳. 德国民事诉讼法学文萃. 赵秀举译. 北京：中国政法大学出版社，2005：14.

② ［德］汉斯·弗里德黑尔姆·高尔. 民事诉讼目的问题［M］. 米夏埃尔·施蒂尔纳. 德国民事诉讼法学文萃. 赵秀举译. 北京：中国政法大学出版社，2005：25.

还包括抗议、反对意见等。如有学者认为，反对意见是"民事诉讼法没有明确规定"，但也是一种"普遍承认的没有形式要求的"救济手段，在法院侵损当事人"程序基本权利"时，可通过反对意见促使法院修正诉讼过程中的裁判。① 异议救济的事项如司法助理员行为、受托法官行为、不可抗告的法院行为等。德国《司法助理员法》规定，当事人可对司法助理员的行为提起异议；《听审异议法》则规定，异议是专门针对当事人听审权的救济方式之一；其他场合的异议散见于民事诉讼法其他条文中，如德国民事诉讼法规定，当事人可对审判长指挥诉讼的命令提出异议。② 近年来，德国法上的异议适用范围有扩大趋势，且与其他救济方式形成了功能补充关系。在操作方面，异议是向原行为法院提起的救济，③ 不具有转移审判效果。异议与其他救济方式的关系，是如果当事人无法以控诉救济，或者无法以抗告救济，异议可作为补充的救济方式，比如法律将不合条件的抗告解释为异议。④ 简言之，异议是一种其他救济无法实现的"补缺"式救济。发挥异议的"补缺"作用，可使当事人诉讼权利得到较全面的保障。

抗告是当事人诉讼权利救济的主要形式。即时抗告是对"不针对涉及诉讼标的的本身的裁判"⑤ 而提起的救济，即是一种向上级法院提起的、非针对实体事项的独立救济方式，主要涉及当事人程序申请权利的事项。立法对抗告限制较少，对侵损诉讼权利的法院行为，只要法律没有明确排

---

① ［德］罗森贝克等. 德国民事诉讼法［M］. 李大雪译. 北京：中国法制出版社，2007：417，1128，1129.

② 参见《德国民事诉讼法》第140条。

③ 在终局判决后，当事人如果认为原审法院有程序瑕疵、损及当事人诉讼权利，也可在控诉中以异议方式主动提起。参见《德国民事诉讼法》第529条。

④ ［德］罗森贝克等. 德国民事诉讼法［M］. 李大雪译. 北京：中国法制出版社，2007：417，1125.

⑤ ［德］奥特马·尧厄尼希. 民事诉讼法［M］. 周翠译. 北京：法律出版社，2003：394.

除可声明不服，符合"未经强制言辞辩论作出或驳回程序申请的裁判"①、当事人遭受不利后果等条件，均可抗告。为限制法院的自由裁量权，便于法院操作和当事人理解，对不可抗告事项，德国法律直接做了列举说明，还明确规定了即时抗告的条件、审查标准、时限及处理方式等操作内容。

德国采取三审终审的审级制度，除抗告外，诉讼权利独立救济体系中还存在更高层次的救济，即法律抗告。法律抗告是针对抗告法院裁决的抗告，或者说是第三审程序中的抗告。如果对二审程序中涉及诉讼权利的抗告裁判不服或者对控诉法院或州高等法院损及诉讼权利的裁定不服，"同许可控诉和许可上诉一样的标准"②，当事人还可向最高法院提起法律抗告。法律抗告的"目的在于使附属与裁判领域中的具有原则性意义的问题有机会得到最高法院的澄清"，其主要目的在于应对法律发展和保障法律统一，仅限于法律审查。③ 对于法律抗告的条件限制，德国民事诉讼法采取类似上告的规定，许可理由一般比照上告理由来处理，在许可标准上要求"具有原则性意义的法律问题"等。④ 法律抗告的条件比即时抗告更严，其不但要求有法院裁判侵损当事人诉讼权利的私益条件，还在公益角度附加了法律统一适用、具有超越个案的根本意义等条件，是一种许可救济。相对于即时抗告，法律抗告是诉讼权利的再救济，但一般不可在通常意义上普遍适用，实质上接近于特殊性质的救济，救济面也大幅度缩小。

除即时抗告和法律抗告外，诉讼权利能否独立提起再审救济，德国民事诉讼法并没有明确提及。但是学界认为，"不能再审会导致出现权利保

---

① ［德］罗森贝克等. 德国民事诉讼法［M］. 李大雪译. 北京：中国法制出版社，2007：1126，1127.

② ［德］奥特马·尧厄尼希. 民事诉讼法［M］. 周翠译. 北京：法律出版社，2003：396.

③ ［德］罗森贝克等. 德国民事诉讼法［M］. 李大雪译. 北京：中国法制出版社，2007：1136.

④ ［德］穆泽拉克. 德国民事诉讼法基础教程［M］. 周翠译. 北京：中国政法大学出版社，2005：283.

护漏洞"，也就是说，再审对诉讼权利的救济是无疑义的①。

此外，值得关注的是，德国法律还规定了听审权的责问救济程序和宪法抗告制度。②听审权在德国法中具有程序基本权利的地位，听审权保障是"民事诉讼法之支柱"，听审权关注的重点为当事人程序参与之权利；对具有宪法特质的听审权，为"确保裁判正义与正确"，德国不但给予了诉讼法层次的救济，也给予了宪法层次的救济。③责问作为听审权的救济方式之一，是在民事诉讼框架内，在本审级展开的由原法院进行的自我矫正程序。听审权内容广泛，涵盖三个方面的内容：知悉权，请求法院提供充分的诉讼信息的权利；陈述权，在获得诉讼信息的基础上，要求向法官当面陈述，尤其是针对事实和法律上所有可能的重要事项进行陈述的权利；法院的知悉和审酌义务，法院应当知悉当事人提出的诉讼材料，并在判决中予以考虑和履行说理的义务。④对于听审权保障，《德国民事诉讼法》第321条之一确立了"责问程序"，详细规定责问的实质条件和形式条件、时间要求等，允许当事人在民事诉讼程序内部，以责问方式寻求听审权的救济。同时考虑到听审权之于当事人的特殊价值，德国2005年还制定了《听审责问法》，专门对当事人听审权保障进行规范。当然，在民事诉讼框架内，如果听审权得不到救济和保障，当事人亦可提起宪法抗告。但是，宪法抗告并非与其他上诉手段并列的救济手段，只有当事人在穷尽其他救济可能的情况下，才可寻求宪法抗告，因此，其是一种"从属性的救济手段"。⑤

（二）德国当事人诉讼权利的附带救济机制

除独立救济体系外，控诉、上告和对判决的再审构成了当事人诉讼权

---

① ［德］罗森贝克等.德国民事诉讼法［M］.李大雪译.北京：中国法制出版社，2007：1209.
② 当然，独立上诉、附带上诉也是德国民事诉讼法听审权的救济方法，下文对此亦有述及.
③ 姜世明.民事程序法之发展与宪法原则［M］.台北：元照出版公司，2003：54，58.
④ 田平安，蓝冰.德国民事法定听审责问程序［J］.金陵法律评论，2007（13）.
⑤ ［德］罗森贝克等.德国民事诉讼法［M］.李大雪译.北京：中国法制出版社，2007：98.

利的附带救济体系。此类救济主张随终局判决的救济一起进行。德国法律规定，不能以抗告等方式独立救济的，如果该事项是在判决程序中作出的，如证明裁定等，可以在控诉、上告程序中获得审查。[①]

控诉法院可对原审法院违反程序、损及当事人程序性权利的情况进行审查。一般地，以控诉方式来救济受损的诉讼权利，要求当事人提出明确的救济请求。但是，如原审法院的程序违法行为涉及强行性法律，法院的程序性裁决属重大程序瑕疵的，那么控诉法院也可例外依职权进行审查。重大程序瑕疵是原审法院严重损及程序性权利的行为，"受瑕疵影响的程序不能视为裁判的合理基础"，如果法院行为"违反旨在保护当事人利益、关于程序结构的规范"，使当事人失去一个审级，则可能构成重大瑕疵。[②] 比如合议庭组成错误、严重违反法庭阐明义务、不公开进行证据调查，以及不当地拒绝延期申请、不合法地公告送达、忽视证据申请、拒绝使用鉴定人、对当事人不进行完整询问、严重侵犯当事人陈述权等损及听审权的法院职权行为。[③] 对于上述事项，依据当事人申请，控诉法院也可以将案件发回重审。

上告并不单纯作为实现个案当事人所要求的公正裁判的工具，而且还要服务于"发展法律、保证统一裁判、澄清有原则性意义的法律问题"等特殊目的。[④] 法律规定的上告事由"实践上适用于诉讼（程序）违法"，比如不当发问、错误释明侵犯当事人陈述权的情况等，[⑤] 因此上告审法院主要审查原审法院依职权应该注意的程序瑕疵。德国法律列举了可绝对上

[①] ［德］罗森贝克等. 德国民事诉讼法［M］. 李大雪译. 北京：中国法制出版社，2007：1127.

[②] ［德］罗森贝克等. 德国民事诉讼法［M］. 李大雪译. 北京：中国法制出版社，2007：1075.

[③] ［德］罗森贝克等. 德国民事诉讼法［M］. 李大雪译. 北京：中国法制出版社，2007：1075-1076.

[④] ［德］穆泽拉克. 德国民事诉讼法基础教程［M］. 周翠译. 北京：中国政法大学出版社，2005：309.

[⑤] ［德］奥特马·尧厄尼希. 民事诉讼法［M］. 周翠译. 北京：法律出版社，2003：388.

告事由，其中多数问题涉及当事人诉讼权利的救济，如听审权①、申请回避的权利、辩论权等②。德国学者认为，③ 判决违反实体法律可以从判决理由中得到关联，但程序瑕疵一般难以证明，将"特定的程序瑕疵宣布为绝对上告理由"，则能无可争辩地推测法院违法与判决内容存在关联性，因此可减轻当事人启动上告程序的证明责任。但须注意的是，这些程序瑕疵仅仅是指原审法院应"依职权注意"的事项，即上告并不对整个控诉程序进行审查。很显然，相比控诉，上告的救济范围进一步缩小。

虽然消除错误判决的成本巨大，但为了"当事人的公正感"和"司法的信赖"，需要通过再审程序创造一种消除已经发生既判力的、有"严重程序瑕疵"的判决的措施。在无效之诉中，"严重的程序瑕疵"是绝对再审事由，完全不要考虑这种瑕疵对实体内容的影响。④ 换言之，原生效判决有损及当事人程序性权利的，包括审判组织不合法、法官不适当回避等侵损公正审理请求权情况的，当事人可提起无效之诉。但对上述事由，德国民事诉讼法规定了前置性救济条件，即原来可通过上诉方式进行救济，但当事人舍弃了的，不得提起无效之诉。⑤ 综上，再审救济覆盖范围更小，条件更严苛，审查更严格。

无论是独立救济体系还是附带救济体系，德国法中的诉讼权利救济体系层次非常清晰。随救济的层次提升，救济方式所覆盖的程序性权利范围也不断缩小，是典型的"金字塔"式救济模式。德国的救济机制适用也非常灵活，诸救济方式衔接流畅，重视诉讼权利原审救济和移审救济的结

---

① 《德国民事诉讼法》第544条（1）规定，"对控诉法院不许可上告的裁判可以提起抗告"，第544条（7）规定，如果控诉法院的裁判侵犯了抗告人的法定听审请求权，上告审法院可以撤销原审法院被声明不服的判决，将案件发回控诉法院以再开辩论重新裁判。参见：德国民事诉讼法［M］. 丁启明译. 厦门：厦门大学出版社，2016.

② 《德国民事诉讼法》此前也将管辖权问题纳入上告事由，但2014年的修改删去了此条规定。

③ ［德］奥特马·尧厄尼希. 民事诉讼法［M］. 周翠译. 北京：法律出版社，2003：390.

④ ［德］奥特马·尧厄尼希. 民事诉讼法［M］. 周翠译. 北京：法律出版社，2003：398-399.

⑤ 参见《德国民事诉讼法》第579条。

合。比如，即使是向上级法院提起即时抗告，法律也规定原审法院有继续处理的权限。

二、日本法中的民事诉讼权利救济机制运行模式

日本民事诉讼法是以德国民事诉讼法为蓝本制定的，[①] 并至今尊其为"母法"[②]。因此，日本当事人诉讼权利救济机制的相关制度与德国法比较类似，但也有自身鲜明的特点。日本立法和学界特别重视当事人程序权利的保障，有学者认为，要转变以"公益性"作为民事诉讼支柱理论的观点，而要站在程序"利用者的立场"来构建民事诉讼理论和完善民事诉讼制度。例如，新堂幸司教授认为[③]，民事诉讼法作为对国民提供解纷服务的制度体系，该体系的价值在于对程序利用者的"程序环境予以细微关注"，且必须将当事人获得"正当程序保障"、使当事人"有充分主张之机会"的问题作为"宪法上的问题"予以关注。日本的诉讼权利救济机制运行也采取双轨"金字塔式"模式：独立救济体系以简易方式专门维护当事人诉讼权利，防止因处理程序事项而导致案件审理的复杂化，其包括异议、抗告、再抗告及申请再审等救济方式；附带救济体系是通过对终局判决声明不服的形式，附带对诉讼权利进行救济，包括控诉、上告和再审之诉等救济方式。

（一）日本当事人诉讼权利的独立救济机制

日本民事诉讼法没有专门针对异议的体系化制度，但其异议适用范围比德国更广。日本学者认为，作为程序主体的当事人必须被赋予对法院主宰程序的适法性进行监督的权能，这种权能体现之一即为当事人声明异

① ［日］中村英郎.民事诉讼制度和理论的法系考察［M］//陈刚.比较民事诉讼法（2003卷）.北京：中国人民大学出版社，2004.
② 陈刚.中国民事诉讼法制百年进程（清末时期·第一卷）［M］.北京：中国法制出版社，2004：76.
③ ［日］新堂幸司.新民事诉讼法［M］.林剑锋译.北京：法律出版社，2008：41-42.

议，其目的在于维护当事人程序利益。^① 从定位上看，异议在日本法律中
并非纯粹的补缺性质的救济方式，而是向原裁判法院寻求诉讼权利救济的
主要方式之一。当事人如不服异议的法院裁判，还可继续抗告。异议一般
在下述情况中适用：一是受命法官侵损当事人诉讼权利的裁判行为。日本
法律规定，为提高合议庭工作效率，合议庭可将部分法定事项委托合议庭
成员处理，由此产生受命法官。受命法官在证据调查、辩论准备程序、书
面准备程序、证据保全以及协议程序进行日期^②等方面有相应的职责权限。
对受命法官之行为，当事人如认为侵损诉讼权利，可首先"向合议庭提出
异议"^③。如《日本新民事诉讼法》第 171 条规定，当事人认为受命法官
在辩论准备过程中有不当行为、损及程序性权利时，可以申请异议，并由
受诉法院作出裁判。二是受托法官侵损当事人诉讼权利的裁判行为。不属
于受诉法院成员的受托法官，与受命法官有着基本类似的职权，如受托法
官行使职权侵损诉讼权利，当事人可提起异议。三是审判长或陪席法官作
出的侵损诉讼权利的指挥诉讼行为。日本法律规定，口头辩论中，当事人
对审判长和其他法官的诉讼指挥行为不服时，可提起异议。对于该异议，
法院应以裁判方式回复。^④ 四是司法辅助人员作出的侵损当事人诉讼权利
的处分行为。例如，对书记员的处分行为可提出异议，并由书记员所属法
院以裁定方式做裁判。五是在所有案件中，当受诉法院为最高法院或高等
法院时，侵损诉讼权利的法院行为不能抗告，但能提起异议。^⑤ 按照日本
法院组织法的规定，除特别抗告和许可抗告外，高等法院不能向最高法院
再行抗告。此种情况下，如高等法院有损及诉讼权利之裁判时，只能向本

① ［日］新堂幸司. 新民事诉讼法 ［M］. 林剑锋译. 北京：法律出版社，2008：293.
② 参见《日本新民事诉讼法》第 256 条、第 171 条、第 176 条、第 239 条等。
③ ［日］新堂幸司. 新民事诉讼法 ［M］. 林剑锋译. 北京：法律出版社，2008：54.
④ 参见《日本新民事诉讼法》第 149 条、第 150 条等。
⑤ 参见《日本新民事诉讼法》第 121 条、第 329 条第 3 项。

院提起异议。同理，最高法院是最高层级的裁判者，当事人对受其行为侵损的诉讼权利，也只可异议。在异议与其他救济方式的功能衔接上，日本法律规定，对异议处理不服的，还可以提起抗告，即抗告是异议的直接再救济方式。

抗告是为当事人诉讼权利设立的"简易不服申述程序"，是为"防止控诉及上告的审理复杂化"的救济方式。[①] 日本学界认为，[②] 作为终局判决之前提的"中间性裁判"，必须允许当事人独立提出不服以接受上级审的判断。因为，如将"程序进行的附随性或派生性程序事项"的解决也由控诉处理，那么整个案件解决会因"程序事项解决"而延迟，导致诉讼成本提高。因此，对于一些与案件实体关系不大的事项，包括影响当事人诉讼权利的法院程序性裁判行为，可通过"与终局判决相区别的"独立的简易程序尽快解决。这些直接受法院程序性职权行为影响的当事人诉讼权利包括管辖异议权、申请回避权、诉讼资料阅览权、文书更正申请权、请求裁判权、公正审理请求权等，上述事项均可提起抗告。与异议不同，抗告有移审效力。

抗告法院是原裁判法院的上一级法院，但抗告申请要通过原裁判法院提交，这可使原行为法院有权再次审查并更正。对原审法院的更正，法律规定还可再行抗告。在日本立法中，抗告是原则，不许抗告的事项是例外，一般以列举方式确定。为了维护严格的审级制度，均衡各级法院处理抗告之负担，在高等法院和最高法院之间，日本民事诉讼法设置了许可抗告制度；对不得声明不服的裁定和命令，也可提起特别抗告，特别抗告适用上告的法律。这种规定使受法院裁判影响的诉讼权利有了"网状"的保障。

---

① ［日］中村英郎. 新民事诉讼法讲义［M］. 陈刚，林剑锋等译. 北京：法律出版社，2001：279.
② ［日］新堂幸司. 新民事诉讼法［M］. 林剑锋译. 北京：法律出版社，2008：652.

对抗告法院裁判不服，当事人仍可再抗告。但再抗告条件非常严格，限于"有宪法解释错误""违反宪法的事项""违反法律并明显地影响裁判"等特定情形。① 再抗告事由类似于上告，相关程序规则准用上告的规定。与德国立法一样，判断进入再抗告程序救济的对象要结合当事人自身的"私益"基准和国家的"公益"基准，是一种加入审查许可的法律抗告。再抗告也通过原抗告受理法院提出，在原审法院审查认为再抗告无理由时，可将案件转给再抗告法院，这实际上使原审法院也有机会重新审查纠正原行为。根据日本法院审级制度规定，只有当一审法院为简易法院时，才有可能产生再抗告。日本法律允许对法院程序性裁决提起再审申请。虽然条件类似于终局判决的再审，但是这种再审不是对判决的再审之诉，理论上被视为一种"准再审"②。

（二）日本当事人诉讼权利的附带救济机制

控诉也适用于当事人诉讼权利的救济。《日本新民事诉讼法》第283条规定，除非是法律明确规定排除，"终局之前的裁判一并受控诉法院判断"，即原来影响当事人诉讼权利的裁判可以在控诉审中一并得到审查。此规定使当事人诉讼权利的独立救济体系和附带救济体系衔接起来，强化了当事人诉讼权利的保障。另外，日本民事诉讼法也规定：一审法院如有程序违法等行为，也可将案件发回重审。这也说明了控诉是作为当事人诉讼权利的附带救济机制而存在的。

对控诉不服可提起上告，上告是控诉的上一级救济方式。日本法律同时规定，控诉审是上告的必要前提，放弃控诉就不能上告，除非当事人之间已达成飞跃上诉的合意。相对于控诉审，上告救济范围有较大幅缩小，法律直接列举了可上告救济的当事人诉讼权利事项，包括涉及当事人公正

---

① 参见《日本新民事诉讼法》第330条。
② ［日］新堂幸司. 新民事诉讼法［M］. 林剑锋译. 北京：法律出版社，2008：668.

审理请求权的审判组织不合法、违法专属管辖规定、侵犯辩论权等。上告是法律审，即一种"不完全的上诉"。为缩减上告范围，日本法律规定，当事人不但要有对原判决的"不服利益"，而且原判决还应存在"违宪"之情形，并就此专门导入"受理上告制度"①，也即对专属管辖、侵犯辩论权等情形的上告，先由上告法院审查后，才能做是否受理的决定。

上告与再审存在上下衔接关系，两者启动的事由存在一定重叠，但立法排除了再审对某一诉讼权利无限救济的可能，也不是所有的上告事项均可进入再审。日本法律规定，经过控诉或上告两次处理过的事由，除非是上告程序中重新出现的新的类似的违法情况，否则不能再次寻求再审救济。这表明在日本法律中，当事人诉讼权利的救济是一种适度救济、有限救济，当事人不能滥用救济。再审一般是由原作出终局判决的法院进行。与德国不同的是，日本没有将再审之诉区分为取消之诉和恢复原状之诉，而是统称为再审之诉。②

三、独立救济与附带救济并行的模式之特点

第一，诉讼权利救济与法院裁判制约的结合。

在德国、日本的法律中，诉讼权利的保障系统和法院权力的制约系统几乎融合在一起，两者是辩证统一的关系。两国民事诉讼理论都认识到，当事人程序权利保障程度衡量标准，其关键因素之一就是法院程序性职权行为的约束。

基于此种理念，德国和日本民事诉讼法对法院裁判权力进行了全面约束。德国学者认为，即使在小额案件中，裁判者也没有被许可不关注微不

---

① ［日］新堂幸司. 新民事诉讼法［M］. 林剑锋译. 北京：法律出版社，2008：637.
② ［日］中村英郎. 新民事诉讼法讲义［M］. 陈刚，林剑锋等译. 北京：法律出版社，2001：283.

足道的程序不利，法院不能以牺牲当事人的程序利益来过度促进程序。①日本学者主张，民事诉讼法本身就是"规范国家对国民行使裁判权的方法及界限"的法律，②井上治典教授在"程序保障学说"中提出，民事程序本身就是目的，要从"程序之过程"而非"判决之结果"来看待民事诉讼，③主张民事诉讼的目的应从以判决结果为中心转向以诉讼过程为中心，关注当事人在诉讼中的程序权利保障。当然，这种保障并非限于为当事人之间提供所谓的"对等攻防"保障，更表现为法院职权行为的控制方面，避免程序性权利受到公权力的损害。作为由法院主持的解纷制度，民事诉讼就是国家强制力行使的一种体现，法律就是要"通过限制国家权力的行使来保障国民自由"，法律不但要通过实体法来保证判决内容的正当性，而且要"完善程序方面的措施"，保障当事人"充分而公平地参与到程序中去"④。因此，德国、日本民事诉讼法中的诉讼权利救济配置，从来就没有离开过对法院职权行为控制和矫正的表述。两国诉讼权利的救济措施，几乎是与法院的职权控制绑定在一起的；对法院程序性职权行为的异议、抗告及再抗告的措施，即是当事人诉讼权利救济的措施。

第二，原审救济和移审救济的结合。

原审救济是利用原程序通过原行为法院采取的救济，也是典型的诉中救济措施；移审救济一般是由原行为法院的上一级法院实施的救济。原审救济一般是利用原程序的非审级救济；移审救济需将救济对象转交至原审法院的上级法院，是审级救济。相对来说，原审救济效率更高，成本更低；移审救济要求展开一个全新的程序，于"公益"或于"私益"的角

---

①　[德]卡尔·奥古斯特·贝特尔曼，汉堡.民事诉讼法百年[M]//米夏埃尔·施蒂尔纳.德国民事诉讼法学文萃.赵秀举译.北京：中国政法大学出版社，2005：60.

②　[日]新堂幸司.新民事诉讼法[M].林剑锋译.北京：法律出版社，2008：29.

③　[日]高桥宏志.民事诉讼法[M].林剑锋译.北京：法律出版社，2003：12.

④　[日]山本克己.当代日本的民事诉讼[J].私法，2006（1）.

度，成本都相对较高。

首先，异议地位凸显。虽然德国和日本法律中的"金字塔"式救济序列并没包括异议，但异议与其他救济方式在实质上有相互补充的关系。德国和日本民事诉讼法均规定，不许适用其他救济方式时，不妨碍当事人向原审法院提起异议，程序中的异议是一种"自由纠正的工具"。① 2002年德国《民事诉讼法》增修时，第321条之一②特别规定了侵犯法定听审权的补救条款，从而扩大了原审法院对异议的适用。出于减轻宪法法院负担的考虑，③ 防止诉讼迟延，2005年德国通过了《听审责问法》，"全面增设听审异议救济制度"④，原审救济的适用面急遽扩大。在日本，异议虽于立法中无体系化制度，但异议广泛适用已是一个传统，并被称为"准抗告"。

其次，授权原审法院处理抗告。抗告可向原审法院提起，德国特别规定了原审法院的"纠正程序"，"通过纠正程序创造性地纠正自己裁判的可能性"，这是抗告与其他上诉手段所区别之处。⑤ 此前，德国传统理论并不认同原审法院自己处理抗告的权限，认为向上一级法院移交抗告是原审法院的一种"不可摆脱"的"提交义务"，即原审法院无任何"先行审查权"。⑥ 在诉讼效率目标下，目前，德国的相关理论及立法都认可了原审法院自我纠正的权利。即使是当事人直接向上级法院抗告，上级法院也可以将抗告先交下级法院利用"纠正程序"处理。如果原审法院肯定当

---

① ［德］罗森贝克等．德国民事诉讼法［M］．李大雪译．北京：中国法制出版社，2007：1129.

② 参见周翠．《德国民事诉讼法》部分修改后的条款［M］．陈刚，比较民事诉讼法（2003年卷）．北京：中国人民大学出版社，2004：174.

③ ［德］罗森贝克等，德国民事诉讼法［M］．李大雪译．北京：中国法制出版社，2007：1129.

④ 沈冠伶．诉讼权保障与裁判外纷争处理［M］．北京：北京大学出版社，2008：39.

⑤ ［德］穆泽拉克．德国民事诉讼法基础教程［M］．周翠译．北京：中国政法大学出版社，2005：321.

⑥ ［德］卡尔·奥古斯特·贝特尔曼．声明不服和撤销：对于民事诉讼法的法律救济的正确理解［M］//米夏埃尔·施蒂尔纳．德国民事诉讼法学文萃．赵秀举译．北京：中国政法大学出版社，2005：534.

事人的抗告理由，并作出处理决定，那么继续向上级法院抗告就"变得多余"。① 德国法律同时要求上级法院尊重原审法院的主动纠错，一般地，抗告法院只有在原审法院维持原裁判时才处理抗告。日本民事诉讼法也规定，抗告及法律抗告须通过原裁判法院提交，原审法院可再次审查；如果原审法院发现裁判确有错误，可自行更正并可使抗告程序终结。② 虽然又一次赋予原审法院"审查自身"的权力存在自我裁判之嫌，似乎有违回避原则，但在司法危机的大背景下，特别是在当事人可基于程序瑕疵多次提起救济的前提下，为了诉讼促进及法院负担减轻，可以说，"纠正程序"的运用是传统诉讼原则的变通，也是传统程序原则对现实问题的妥协。

第三节　附带救济的"一元"模式

一、"一元"模式的基本内容

法国和德国同属大陆法系，但法国民事诉讼法的发展有着自身独立的脉络和轨迹，在当事人诉讼权利救济机制的制度构造上也有很多不同。法国新民事诉讼法中的当事人诉讼权利救济机制运行模式可以概括为一元"金字塔"模式。所谓"一元"，即指法国不存在完全独立的当事人诉讼权利救济轨道，当事人诉讼权利救济与实体救济的程序是联系在一起的，这是法国与德、日两国相关制度的最大区别。但是，法国法律中的各救济方式依然存在着层层递进的关系，并有救济的"塔尖"。

---

① ［德］罗森贝克等 . 德国民事诉讼法［M］. 李大雪译 . 北京：中国法制出版社，2007：1133.
② 参见《日本新民事诉讼法》第333条。

法国的诉讼权利救济方式包括普通上诉和特别上诉两类，前者包括向上诉法院的上诉以及对缺席判决的异议；后者包括了取消裁判异议、再审之诉和向最高司法法院上诉。当事人诉权保护理论是法国民事诉讼理论的主要组成部分，法国新民事诉讼法专设第二编，对当事人的诉权进行保护和规范。法国学者认为，民事裁判是"解决私人之间纠纷的司法权力和司法职权"，其仍然要尊重当事人作为"诉讼程序进行的主宰者"的地位。当事人的程序权利应受到诉讼法的严格保护。如在裁判前，当事人未被告知或传讯、未充分辩论，或因缺乏自行辩护力不能理解或反对相对方主张，或未能主张自身要求等情形，法院不能判决。①

法国法律中的救济方式包括普通救济和特殊救济。上诉是主要的普通救济方式，上诉审是全面的审理，实体问题和程序问题均可成为审查对象。法国立法中的异议作为救济方式在两个层面上适用：一是缺席判决的异议，这种异议与上诉没有多少区别，实际是上诉的形态之一。其特别之处在于异议仅适用于缺席判决的救济。也即，如认为缺席判决损及诉讼权利，当事人可以异议救济。但必须明确，此种异议并非专门针对诉讼权利而设置的，也非诉讼过程中的救济，性质上仍然属于诉讼权利的附带救济。二是第三人异议，法国民事诉讼法中的第三人异议是特殊的救济方式，第三人是指原来没有参加诉讼的、当事人之外的利害关系人，其一般并不涉及原当事人诉讼权利的救济问题。总的来看，法国民事诉讼法对当事人诉讼权利配置的初次救济就是广义上的上诉。

法国立法中的上告是法律适用监督性质的特殊救济，但上告并"没有创立一个第三审级"。上告法院"审查的不是争议本身"，而是原判决的

---

① ［法］让-路易·贝尔热尔. 法国民事裁判制度的现状与未来 ［M］//施鹏鹏等译. 陈刚. 比较民事诉讼法（2003 卷）. 北京：中国人民大学出版社，2004.

合法性问题，因而上告也是法律审。[①] 依据法国民事诉讼法的规定，侵损当事人诉讼权利的法院职权行为能够成为绝对上告的事由。例如，《法国新民事诉讼法典》第607条规定，程序上的抗辩、不受理等事项，可向最高司法法院上告。但当事人诉讼权利的上告范围比较窄，且上告仅为诉讼权利的附带救济方式，"只有终结独立诉讼程序的判决才可以成为上告客体"[②]。除上告外，再审是一种涉及法律和事实的重新裁判。《法国新民事诉讼法典》第595条规定的再审事由中，并没有直接规定当事人诉讼权利的再审事由，由于第595条规定就"再审之诉的原因所做的列举为完全列举"[③]，故一般认为，受法院裁判影响的当事人诉讼权利在通常情况下不可成为再审救济事由。换言之，在洋溢着职权主义的法国民事诉讼法中，上告构成了当事人诉讼权利救济的"塔尖"。

二、"一元"模式的基本特点

第一，职权色彩相对浓厚。作为大陆法系国家民事程序法的代表作之一，拿破仑时代的法国民事诉讼法是"以当事人主义模式为其基本的诉讼模式"，后来，几经变革后的法国民事诉讼法出现了兼采职权主义和当事人主义的倾向。[④] 在此转型过程中，法国民事诉讼法加强了法院对程序过程的管理，法院角色更加鲜明和突出。总体上，法国新民事诉讼法对当事人诉讼权利的救济力度不如日本和德国，学者认为，法国立法对民事诉讼

---

① ［法］洛伊克·卡迪耶. 法国民事司法法［M］. 杨艺宁译. 北京：中国政法大学出版社，2010：73，74.

② ［法］洛伊克·卡迪耶. 法国民事司法法［M］. 杨艺宁译. 北京：中国政法大学出版社，2010：582.

③ 参见《法国新民事诉讼法典》第595条相关司法解释，罗结珍译，中国法制出版社2008年版（下同）。

④ 常怡. 外国民事诉讼法的新发展［M］. 北京：中国政法大学出版社，2009：121.

全过程进行了限制性规定，具有"极权"精神，违背了欧洲的《人权公约》。① 但一些法国学者也竭力为此进行辩护，② 认为拿破仑时代的民事诉讼仅属于当事人的事务，当事人对程序的准完全控制使法官如同仲裁者，缺乏完整的主动权。因此，出于对"公益"的担忧，法官权利有必要扩张。可以说，现行法国民事诉讼法有浓厚的纠问式气氛，但大部分内容以控诉为主。毫无疑问，在当事人地位整体退缩的情况下，相对于德国和日本的法律而言，法国法律中的当事人程序性权利的救济空间也被压缩。

第二，救济限制相对较多。一是救济的许可制度。法国法律中，上诉是当事人诉讼权利救济的主导救济方式。但上诉制度较多地充斥着职权因素，法院对当事人程序权利救济的介入范围较广。以法院延期审理的裁定为例，该裁定之行为与当事人的适时裁判请求权是联系在一起的，法律规定，如有"重大及正当理由，可对法院延期审理决定上诉"，但同时规定，此上诉须经上诉法院第一院长批准，否则上诉法院不予受理。为进一步强化当事人诉讼权利的保障，法国的民事诉讼法规定，对上诉法院决定不服的，当事人可以向最高法院上诉，但附加的许可条件是，这种上诉仅以"违反法律规则"为限。③

二是救济范围的限制。法国民事诉讼法对救济范围采取列举和概括性规定。比如，对当事人的受通知权、陈述权等，法国民事诉讼法规定了当事人有上诉救济的权利；在《法国新民事诉讼法典》的一些章节中，如第十四编有关法院审判行为中，也原则性规定法院审判行为一般"不适用司法行政措施"，可以寻求救济。但是，法国法律也明确规定，法院诉讼

---

① [法]洛伊克·卡迪耶. 法国民事司法法 [M]. 杨艺宁译. 北京：中国政法大学出版社 2010 年版，第 389 页。

② [法]让-路易·贝尔热尔. 法国民事裁判制度的现状与未来 [M] // 施鹏鹏等译. 陈刚. 比较民事诉讼法（2003 卷）. 北京：中国人民大学出版社，2004：139.

③ 参见《法国新民事诉讼法典》第 380、380-1 条。

合并与分离决定、重开辩论、追加当事人、命令当事人做实体陈述等属于法院在诉讼程序中的"司法行政措施","不得提起任何不服申请"。[①] 法国将大量可能侵损当事人诉讼权利的法院行为识别为司法行政措施,导致诉讼权利的保障有较大范围的缩减。当然,法国不是任意扩大司法行政措施范围,为防止法院以此为由扩大排除救济,同时也为便于救济,《法国新民事诉讼法典》在某些章节中或条款中也直接明确法院的行为不属于司法行政措施,不可排除救济。

第四节　我国当事人民事诉讼权利救济机制运行模式

我国民事诉讼制度受大陆法系影响相对较多,但由于审级制度的不同和救济理念的差异,以及职权主义诉讼模式的影响,我国民事诉讼权利救济机制运行与德国、日本相关规定的差异又非常明显。总体上,我国当事人诉讼权利救济机制所依赖的救济体系是一个混合、多元的体系,独立救济体系与附带救济体系缺少必要的范围分界,各救济方式缺少必要的功能分流,救济层级衔接缺乏必要的梯度分层,综合我国当事人诉讼权利救济机制运行特点,可将其概括为一种混合型的"梯状"救济模式。

一、独立救济和附带救济的混合适用

虽然我国存在诉讼权利的独立救济方式,也存在诉讼权利的附带救济方式,但是两种救济体系没有太多区隔,在功能定位、适用范围上表现出明显的混合性。首先,独立救济的混用。立法中,异议和复议互不隶属,但功能定位不太清晰。现行法中的异议和复议都作为初次救济方式,在同

---

① 参见《法国新民事诉讼法典》第 537 条。

一个平面上混同适用，不存在其他任何衔接、补充关系。其次，上诉功能的混合定位。现行法中的上诉，更多的时候是以诉讼权利的附带救济方式存在的，但法律又明确规定在三种情况下，上诉是作为独立救济方式存在的。最后，以附带救济体系作为独立救济体系的再救济的"混搭"。现行法上，如果对异议、复议不服，当事人只能选择上诉、再审作为再救济方式，这表明了独立救济体系与附带救济体系的混合适用。

在整体上，我国诉讼权利救济机制不同于德国、日本法律，也不同于法国的一元救济体系。法国是一元救济体系，不存在诉讼权利的独立救济方式，但我国确定了诉讼权利的独立救济方式，只是没有将其体系化。

二、救济层次的"梯状"结构

相比于域外法律"金字塔"模式，用"梯状"结构形容我国诉讼权利的救济更加贴切。这是一种救济底面大于救济顶面的梯状构造，由异议、复议和上诉构成较大的底面，而申请再审构成顶面。"梯状"与"金字塔"式救济结构的最大区别在于：最高层级的救济没有形成最高的点，而是一个面。"梯状"救济模式中，普通救济适用范围比较广，但因再审定位问题，其适用范围相对收窄，但仍然没能形成一个点。

第一，再审适用面仍然较宽。2007 年《民事诉讼法》第 179 条列举了法院必须再审的事由，其中很多事由直接涉及当事人诉讼权利之维护。除列举性事项外，该法条还有一个可伸缩条款，即对违反法定程序可能影响案件正确裁判的情形，法院也应当启动再审，这在客观上导致了再审救济面的范围扩大。2012 年民事诉讼法修改后，再审事由的列举范围虽有所压缩，但比异议和复议适用范围要宽得多。一些不能够异议和复议救济的诉讼权利，却被列入了再审事由范围。复议和异议适用范围弹性不够，而再审适用弹性相对较大，如"适用法律错误"就可作为扩大再审救济的理由。所以，再审并没有形成救济层级上的"塔尖"，而是一个"梯状"的平面。换言之，我国再审过多地承担了许多普通救济方式所应要承担的救济功能，是一种掺杂着普通救济因子的特殊救济方式。

第二，缺失"金字塔"救济模式的层次。我国民事诉讼权利救济机制的另一个特点是诉讼权利救济体系的层次感不明显。无论是独立救济还是附带救济，若能对当事人诉讼权利救济构筑起有纵深感、有适用时序先后之分的三个层次，且三个层次层层递进、分工明确，在由下往上的救济过程中，诉讼权利在筛选过滤机制的作用下，阶梯式地获得不同层次的救济，便能较好地满足当事人的救济需求。在二审终审的审级制度下，我国诉讼权利的救济层次较少，同时立法也没有刻意地对异议、复议和上诉进行层次区分。

第五章　当事人民事诉讼权利救济机制完善之法理

诉讼权利救济机制是民事诉讼法的支撑性制度之一，救济体系的结构及救济措施的配置对程序运行和诉讼结果都有重要影响。作为发展中的制度，诉讼权利救济机制的理念定位、制度设计等必须着眼于整个民事诉讼制度体系完善的大视野中，结合我国民事诉讼制度的目的、当事人的救济需求和法院的审判规律，在综合考量下科学完善。当然，诉讼权利救济制度的完善也遵循着一定的法理，这些法理是具体救济制度展开的基础，是救济机制运行依托的原理，也是救济法律关系中各主体行为的指南。

第一节　当事人民事诉讼权利救济机制运行的因循原则

法律原则是超级规则，制造其他规则的规则。[①] 法律原则蕴含立法的价值标准，概括性地体现了立法对于某个领域的具体规则设计、主体行为的基本要求，具有普遍适用性和基础性。在当事人诉讼权利救济机制运行中，也存在一些指导性的抽象准则，包括诉讼权利在范围上的普遍救济原则，在救济层次上的有限救济原则，在救济方式选择方面的用尽普通救济

---

① ［美］劳伦斯·M. 弗里德曼. 法律制度：从社会科学角度观察 ［M］. 李琼英等译. 北京：中国政法大学出版社，1994：46.

原则，以及在救济强度上的救济相称原则等。

一、普遍救济原则

德沃金说，"如果政府不认真地对待权利，那么它也不能够认真地对待法律"。为权利设置救济是认真对待权利的表现之一。在权利理论中，有权利必有救济，权利的存在离不开救济机制的荫庇。普遍救济原则即无差别、无选择的救济，其不但要求法律确认各主体的权利，还要对权利可能受到的损害提供全面保障。民事诉讼权利的保障也要奉行普遍救济原则。

权利行使如无实效，权利将沦为制度的摆设。[①] 任何诉讼行为都有诉讼权利的支撑。若诉讼权利及其保障缺失，当事人则难以实施诉讼行为。诉讼权利的法律确认只是提供了当事人相关行为的可能的资格，救济制度则为诉讼权利附加了安全性和实效性，使诉讼权利由资格的可能面走向实效面。此外，从提高当事人实质参与诉讼程序的能力角度而言，这种救济也不可克减。不同于在平等主体之间发生的实体权利和实体义务关系，诉讼权利行使的环境是诉讼程序，诉讼法律关系中当事人"重要诉讼行为""是向法院完成的"[②]，法院的职权行为是当事人诉讼权利行使的最大可能的干扰项。法院可以经由审查和许可裁量行为，限制、阻碍或干预诉讼权利的行使，进而改变当事人诉讼行为的方式。所以，诉讼法必须赋予当事人有效对抗法院职权行为的手段，抵御法院非理性介入诉讼权利行使的可能。

普遍救济原则意味着对诉讼权利的无缝保障。但也应看到，所谓全面保障是具体的，并非超脱实际案件情况，对所有当事人诉讼权利一视同

---

① 齐树洁. 论民事上诉权之保障 [J]. 民事程序法研究（第二辑），2006.
② ［德］罗森贝克等. 德国民事诉讼法 [M]. 李大雪译. 北京：中国法制出版社，2007：11.

仁，一律不加区分地提供同等层次、同等强度的救济。严格来说，普遍救济作为无差别、无选择的救济要求，是在最低限度救济的意义上使用的。即，如无特殊情况，法律应该为所有诉讼权利提供无差别的最低层次救济。在最低层次救济的语境中，救济要保持平等，追求救济面的无选择覆盖。脱离最低限度救济的语境，普遍追求底层救济以上的高层级救济是不现实的。在高层级救济面上，特别是申请再审的特殊救济层级上，就必须另采有区别的、有筛选的、有过滤的特殊主义，允许对不同诉讼权利差别配置不同救济。也即，在不同救济层面上，在考虑案件性质、权利性质以及对实体权利影响等因素的基础上，为不同诉讼权利配置不同的再救济，并非违背普遍救济原则，而是一种遵守。

二、有限救济原则

对于权利限制和权利保障的平衡，耶林曾有一段形象的描述，他说，正义女神一手握有"衡量权利的天平"，一手握有"为主张权利而准备的宝剑"；"无天平的宝剑"是一种暴力，"无宝剑的天平"意味着权利的软弱可欺。"宝剑的力量"和"操作天平的技巧"的均衡，正是"健全的法律状态之所在"。① 诉讼权利的救济需要有"宝剑"的力量对抗诉讼过程中的法院职权行为；也需要"天平"的平衡理念，为诉讼权利配置适度而有限的救济。诉讼权利救济影响当事人，也影响法院裁判权威和国家司法资源投入。法律要鼓励诉讼主体追求程序正义，但如果对诉讼权利授权无限制救济，将使诉讼程序难以为继，并终将损害程序正义本身。对程序正义的追求可能使得"程序在时间和金钱上都更为沉重"②，因此，在诉

---

① ［美］鲁道夫·冯·耶林. 为权利而斗争［J］//胡宝海译. 梁慧星. 现代世界法学名著集，2000（10）：4.

② ［美］万斯庭. 美国法官的工作［M］//宋冰. 程序、正义与现代化. 北京：中国政法大学出版社，1998：307.

讼权利救济机制运行中，必须要处理好程序正义的追求和"实现正义的成本"之间的矛盾、当事人的个体正义和社会的整体正义之间的矛盾、事实的客观性和裁判的相对性之间的矛盾，采取有限救济原则。其基本理由如下：

首先，司法资源的有限性。权利救济收益和成本支出之间的平衡关系是权利救济程序建构的核心问题之一。[①] 任何一次救济都需当事人的投入和公共司法资源的投入。如果允许任意诉讼权利都可经由异议、复议到申请再审，做一以贯之的全程救济，诉讼时限和诉讼成本将难以控制。在当事人角度，因诉讼权利类型繁多，无限制救济消耗的成本必然减损当事人最后可得的实体利益，甚至超出最后可得利益，从而使程序性救济失去实际价值。理论上，更多的救济机会意味着更强的保障，但同时也意味着费用支出、时间成本的增加。在社会角度，裁判是法院联系社会的桥梁[②]，裁判的权威性和合理性不仅来自当事人个人的判断，也来自社会公众的理解。公共司法资源的无度支出必将影响诉讼过程的社会评价度，引发社会对司法过程的质疑。从制度本身而言，虽"正义的实现是国家的使命"，但若成本过高，结果仍难容许；面对"权利救济大众化的要求趋势"，缺乏成本意识将产生司法制度的功能不全之问题。[③] 救济是一种纠错，但频繁、无限制的纠错将使"正义的成本"过于昂贵，并将掩盖救济所带来的正义价值。其次，程序展开的及时性。诉讼权利救济包括了诉中救济和终局救济。诉讼权利侵损源于诉讼过程中的法院程序性决断行为，无限制救济之导向不利于诉讼程序之展开。频启救济也将频繁中断案件的实体审理，可能导致原审程序延期或中止审理，诉讼过程碎片化。立法须在程序

---

① 张卫平. 民事诉讼法律审研究 [J]. 民事程序法研究, 2006 (2).

② [美] 万斯庭. 美国法官的工作 [M] //宋冰. 程序、正义与现代化. 北京：中国政法大学出版社, 1998：307.

③ [日] 棚濑孝雄. 纠纷的解决与审判制度 [M]. 王亚新译. 北京：中国政法大学出版社, 2004：267.

及时性和诉讼权利保障需求之间做理性权衡，防止案件实体审理在诉讼权利救济的影响下沦为程序保障的"配角"。最后，裁决理性的相对性。司法是司法者诠释法律的过程。法律诠释是认识者的主观精神活动，无可避免地带有主观性和"相对合理性"①。作为法院主观意思表达的实体裁判或程序性裁决，都不能定性为"真理性"判断。虽然有诉讼法等法律及原则作为法官裁判思维之标准，但是事实千差万别，法官认知也难整齐划一，那么，法院的判断就难以与当事人之要求绝对吻合。现代诉讼中，法院要致力于为当事人的救济申请、阐明事实等提供平等机会和保障，但裁判无绝对理性可言。因此，诉讼权利救济达到一定程度，就有必要停止。如果认为只有"正确"判决才有效力，那么争议则可能"无休止"地进行。②

有限救济也是一种有条件的救济，其决定了：一是救济层次的有限性。即无须为所有受侵损的诉讼权利都配置从底层到顶层的全程救济。救济层次应适可而止，这也是当事人所承担的诉讼促进义务的要求。有学者认为，权利的两次救济就基本达到了适度救济的要求。二是救济时限的具体性。理性的诉讼规则应"同时包含胡萝卜和大棒"③，时限要求就是对当事人救济申请的"大棒"进行约束。即在一般情况下，诉讼权利的救济都须与时限联系在一起，如果没有在规定时限内提出相应的、合条件的救济，当事人就得承受救济失权之后果。三是救济顺位的规定性。一般地，各救济方式是一一递进的链接关系。如果当事人疏于启动顺位在先的救济，那么，如无特殊情况，则不能适用后续的再救济。此种规则的实施需要考虑满足两个条件。第一，厘清各救济方式的内部联系。防止异议、

① 谢晖．法律意义的追问——诠释学视野中的法哲学［M］．北京：商务印书馆，2003：591-593.
② ［德］沃尔弗拉姆·亨克尔．程序规范的正当性［M］//米夏埃尔·施蒂尔纳．德国民事诉讼法学文萃．赵秀举译．北京：中国政法大学出版社，2005：12.
③ ［英］J. A. 乔罗威茨．民事诉讼程序研究［M］．吴泽勇译．北京：中国政法大学出版社，2008：65.

复议、上诉和申请再请等救济方式无序叠加。第二，当事人有较大范围地提起救济的可能。我们必须认识到，司法实践的诉讼权利还远未达到滥用救济之程度。立法宜首先广泛地赋予当事人对受损诉讼权利提起救济的可能，在此基础上，才能合乎逻辑地进一步限制诉讼权利的随意救济和过度救济。现行法中的诉讼权利救济范围，特别是诉中的独立救济范围较为狭窄，因此，扩大诉讼权利救济范围是此原则适用之前提。

三、用尽普通救济原则

救济机制运行功能最大化，要求诉讼权利在如何配置救济方式方面，按照一定规律对各救济方式适用进行先后排序，优先适用通常、简单的救济方式。用尽普通救济是诸救济方式适用排序的重要原则，意为要优先适用且要用尽法定的通常救济方式，只在所有通常救济都不足以有效保障诉讼权利的前提下，才可选用法定的特殊救济。该原则的基本要求，是在诉讼权利救济结构方面，诉中救济方式优于终局救济方式，普通救济方式优于特殊救济方式，简易救济方式优于复杂救济方式。具体到我国民事诉讼的诉讼权利救济体系，一般情况下，作为普通救济的异议、复议和上诉优先于再审的适用，作为简易救济、诉中救济方式的异议和复议优先于作为复杂救济的上诉和再审的适用。

首先，普通救济相对于特殊救济而言是低成本的救济。一般来说，普通救济，尤其是异议和复议，是一种成本较低、启动便利、程序简单的救济，对整个诉讼程序展开的副作用相对较小。因此，在实践中，不可能废弃或"闲置"简易的、普通的救济，转而寻求高成本、程序更复杂的特殊救济。其次，特殊救济是补充性救济。我国法律内的特殊救济就是再审救济，其是非诉讼权利救济的必经程序，"相对于复议、上诉等救济而言"，其是"非常规救济"。因为，再审事由本身就存在于一审或二审程序中，当事人在发现错误时，完全可"通过上诉、复议和异议这些常规方式寻求救济"。① 法院裁判侵损诉讼权利时，当事人得优先考虑普通救济选择，不能跳跃式进入特殊救济通道。当然，在常规简易及普通救济无法给予诉讼权利保障时，特殊救济方式则可补充介入。最后，特殊救济影响生效裁判的既判力。既判力是指终局判决一旦确定，该判决对请求事实的判断就成为后续法律关系的基准，在终局判决前，"当事人已经穷尽了普通救济方法"，故当事人和法院都"应将终局判决中的判断作为纠纷解决基准予以尊重"，否则，纠纷将永远无法获得终局解决。② 特殊救济是对原生效裁判的再次审理，损及生效裁判的公信力和稳定性。考虑到既判力维护的要求，对于已生效裁判，法院不得任意更改，当事人也不得随意声明不服。因此，如果普通救济可足够救济，就不能简单地允许启用特殊救济，防止损害裁判的既判力。

穷尽普通救济原则要求各救济方式在适用序列上严格分工和分层，严格限定再审条件。一是要充分发挥普通救济机制的过滤功能。立法应提倡当事人选用普通救济，减少普通救济适用的条件，尽可能利用普通救济满足当事人的救济需求，并利用普通救济过滤和减少进入再审通道的诉讼权利数量。二是严格限定特殊救济适用条件。在适用范围上，要减少特殊救济的弹性，缩小特殊救济范围的张力，如果普通救济确实存在重大瑕疵，应允许当事人提起特殊救济；在适用时序上，特殊救济必须以普通救济作为前置性条件，严格限制甚至排除飞跃进入特殊救济的可能；在救济审查上，要从形式及实质方面，规定更严的再审条件，采取更强的审查力度。比如，若之前有意地舍弃普通救济，就不可再寻求特殊救济。

---

① 江伟. 民事诉讼法（第五版）[M]. 北京：中国人民大学出版社，2011：303.
② ［日］新堂幸司. 新民事诉讼法 [M]. 林剑锋译. 北京：法律出版社，2008：472.

四、救济相称原则

诉讼权利救济机制适用的基本对象是诉讼权利，配置救济、评价救济效果的核心依据是诉讼权利之保障状况。因此，诉讼权利可视为救济配置应予考虑的一个常量。除此以外，如何配置救济还要考虑诸如案件性质、权利义务争议等其他因素的影响，这些可能的影响因素可以称为救济配置的变量。比如，救济措施作用于法院行为，故救济配置离不开对法院裁决行为性质的考察；救济机制运行与一定的案件和诉讼程序相关联，不同性质的案件、不同类型的诉讼程序，对救济的需求也不同，那么，救济供给数量和层次也要有差别。学者认为，按照裁判性质、案件性质设置救济，是法院、法律贴近社会、防止疏离社会的要求。比如，小额案件类型，为切实发挥小额诉讼程序的效率价值，契合该程序"追求达到迅速而经济的裁判之程序保障"，可以满足"程序自身所应具有的最低限度公正性的保障"即可。[1] 小额案件诉讼过程中的诉讼权利救济亦须与该程序要求相宜，比如管辖异议权利限制、驳回起诉的救济限制等。简言之，就是要在诉讼程序中贯彻救济相称原则：要在考虑诉讼权利性质、法院裁决类型和案件性质等因素的基础上，科学设置强度不一的救济。在核心层面上，应根据不同的救济对象，即诉讼权利而设置不同的救济；在第二性层面上，要依据裁判性质和案件性质的不同设置不同的救济，即实施救济相称原则要考虑四方面的因素：救济对象、案件性质、程序及裁决行为类型。

首先，救济对象的基准。当事人诉讼权利类型很多，法律不能以均衡方式对所有诉讼权利提供等比例的救济。救济要在必要的限度内进行，而且必须考虑"应保护的利益的性质"。[2] 对不同诉讼权利，施以不同强度

---

[1]　江伟，肖建国．民事诉讼法（第七版）[M]．北京：中国人民大学出版社，2015：296.
[2]　[日] 谷口安平．程序的正义与诉讼 [M]．王亚新等译．北京：中国政法大学出版社，2002：192.

的救济措施，这是一种再自然不过的法理逻辑。其主要原因是：一是对当事人意义不同。虽然每一诉讼权利都有其存在的价值，都能对当事人诉讼行为产生影响，但各诉讼权利对于当事人的意义并非等份的。一些诉讼权利的行使可能直接影响判决，进而直接影响到实体利益保护，如当事人要求法院调取证据的权利、法院漏判影响诉讼请求权等情形。很显然，根据救济相称原则的要求，对此类诉讼权利要提供高强度的救济，救济层次也要更丰富。相反，对当事人实体权利及程序利益影响不大，且在后续的诉讼过程中能够以其他方式弥补、治愈的，比如请求法院释明的权利等，一般就没有必要采取高强度的救济。二是诉讼权利位阶不同。诉讼权利位阶主要涉及诉讼权利来源的问题。比如德国民事诉讼法被称为"宪法的适用法"，当事人的一些基本程序权利，比如听审权就直接源自宪法的规定，要求在宪法层面为其提供高层级的特殊保护和救济。对于该类型民事诉讼权利的救济，德国专门颁布了《听审责问法》，允许当事人可用尽民事诉讼体系内的救济，亦可向宪法法院寻求救济。当然，具体到哪些诉讼权利属于宪法性基本权利，学界和立法并非完全统一。日本学者中野贞一郎认为，审问请求权、程序上的平等权、适时审判权、公开审判请求权等属于宪法上要求的权利。① 在我国，民事诉讼法虽然不具有"宪法适用法"地位，但一些学者主张，像当事人裁判请求权一类的重要权利就可纳入宪法保护范畴。哪些诉讼权利属于宪法性权利范畴并无定论，但毫无疑问的是，为不同位阶和性质的诉讼权利提供差异化的救济强度和救济方式是必要的。三是是否涉及强制性法律规定不同。民事诉讼过程中，如果法院职权行为违背强行法规定而侵损诉讼权利的，其救济强度相对也高，如审判组织组成不合法等影响公正审理请求权的情形。在更多场合下，诉讼权利受损后，如果其并没有违背强行法规定，当事人有选择是否救济的权利，

---

① ［日］新堂幸司. 新民事诉讼法 ［M］. 林剑锋译. 北京：法律出版社，2008：90.

甚至可以放弃救济，对于此类诉讼权利也无必要提供高强度的救济。

其次，案件性质的基准。"民事实践类型多种多样，各个事件所涉程序利益或系争实体利益大小不一，所需求满足该类利益状态所需相关程序法基本要求，亦往往因案情不同互有差异。"① 因此，救济机制应与特定案件相联系，如何设置救济不能脱离案件本身的特点，要根据案件类型适当配置相称的救济方式和救济强度，也即个案性质是影响救济机制运行的重要因素之一。此外，从司法资源供给来看，因民事司法资源的有限性，不可能不问案情，对所有案件中的诉讼权利等量供给救济。民事案件的具体形态数不胜数，概括而言，从繁简程度来看，其可分为简单案件和复杂案件；从案件新旧程度来看，可分为新型案件和常规案件；从对社会公众影响程度来看，可分为群体性案件、一般性案件；从案件的法律意义来看，可分为有法律原则意义的案件和普通案件；等等。总体而言，案件越简单，救济供求的总量越少，层次也较少；相反，复杂的、新型的案件，有超越个案价值的案件等，其救济供给量可适度增加，救济层次需更丰富，救济强度也要加大。

再次，程序类别的基准。从案件繁简分流角度而言，案件可以分为普通程序案件和简易程序案件。在普通程序案件中，应对诉讼权利给予较全面的救济，而对于简易程序案件或小额案件，由于案件所涉纠纷一般不太复杂、标的额度一般较小，为了"平衡慎重裁判之程序保障和简速裁判之程序保障"，须为当事人提供简易化程序及审理方式，使当事人有机会追求比较节省时间、劳力和费用的裁判，防止实体法上权利被当事人程序的投入所消耗。② 按照费用相当原理，与简易程序价值目标相适应，诉讼权利的救济也要去繁复、求简易。具体来说，"简易事件多为轻微纷争，其

---

① 邱联恭. 程序利益保护论［M］. 台北：三民书局，2005：28.
② 邱联恭. 司法之现代化与程序法［M］. 台北：三民书局，1992：269，270.

诉讼程序在求速审速结"①，因此，此类程序可采用"职权裁量法理"②，适度扩大职权行为空间。实际上，此类案件中，救济层次和救济措施越多，反而越不经济。世界上其他国家或地区的民事诉讼法，对简易或小额程序中的实体利益和程序利益，都只规定了较少的救济层次和较低的救济强度，实行一审终审制度；即使上诉，也一般采取许可上诉之规则。故我国立法对简易程序中诉讼权利的救济，也可实行低强度救济，适当减少救济供给总量。

最后，裁决性质的基准。法律在本质上是对"权力行使的一种限制"，其将"秩序和规则"引入公权力机构运转之中，通过"公法制度"，努力限定和约束公权力，"防止其对应予保障的私人权益"的侵损和随意处理。③ 救济机制对诉讼权利的保障建立在对法院裁决行为约束的基础上。权利救济往往伴随着法院行为的矫正和治愈，不同类型的裁决行为对诉讼权利的影响不同，故对其约束的机制也不同。那么，对诉讼权利的救济配置就需要考虑法院裁决行为的性质。按照现行法律规定，法院裁决包括裁定、决定和命令等。从公正及效率价值角度而言，上述裁判形式所"负载的使命不完全一样"，根据裁定、决定和命令的排序，前者对于后者，保障程度要求较高，"救济机制也相对较严密"；后者对于前者，法院职权因素越来越明显。④ 质言之，裁定、决定和命令的救济严密度依次递减，对诉讼权利影响较大的裁决要配置强度更高、层次更丰富的救济措施。

① 民事诉讼法研究基金会. 民事诉讼法之研讨（三）[M]. 台北：三民书局，1990：476.

② 邱联恭. 司法之现代化与程序法 [M]. 台北：三民书局，1992：284.

③ [美] E. 博登海默. 法理学：法律哲学与法律方法 [M]. 邓正来译. 北京：中国政法大学出版社，1999：233.

④ 江伟. 民事诉讼法（第五版）[M]. 北京：中国人民大学出版社，2011：271.

第二节　当事人民事诉讼权利救济机制运行的理念维度

当事人民事诉讼权利救济运行现状有其深刻的原因，其与我国民事诉讼模式转型的长期性、权利范围拓展和救济增强的理念分歧、当事人对诉讼过程控制的参与度不足等方面关联深刻。完善我国当事人民事诉讼权利救济机制，有必要在本土语境下尊重且发展传统的救济理念，实现民事诉讼模式由职权主义向协同主义、由单独强调诉讼权利增列向同时强调诉讼权利救济、由重视终局救济向重视诉讼过程救济的转型。

一、从传统模式的固守到协同主义的可能

职权主义和当事人主义是对诉讼模式的一种"标签式"[①] 的分类，学界对模式之辨可谓见仁见智。一些学者认为，要"告别主义式思维"[②]，淡化"主义"与"模式"，专注制度中的实务研究。但必须看到，民事诉讼中的许多具体问题的解决取决于对民事诉讼模式、理念和原则的认识，且诸多宏观问题的正确认识影响到民事司法中具体问题的解决和处理。[③] 德国学者认为，"诉讼主义"有"法律上的意义"和"显著的实践作用"，诉讼主义类似于"程序法的基本方针"，可用以说明和指导解决程序法中没有具体规定的问题。[④] 客观上，诉讼中的"主义"确实在一定程度上能够说明民事诉讼制度的基本架构，表征着法院和当事人在诉讼中的程序地

---

① 左卫民. 职权主义：一种谱系性的"知识考古"[J]. 比较法研究，2009 (2).
② ［德］鲁道夫·瓦塞尔曼从辩论主义到合作主义 [M] //米夏埃尔·施蒂尔纳. 德国民事诉讼法学文萃. 赵秀举译. 北京：中国政法大学出版社，2005：371.
③ 张卫平. 诉讼架构与程式——民事诉讼的法理分析 [M]. 北京：清华大学出版社，2002：7.
④ ［德］赖因哈德·格雷格. 作为诉讼主义的合作 [M] //载米夏埃尔·施蒂尔纳. 德国民事诉讼法学文萃. 赵秀举译. 北京：中国政法大学出版社，2005：446.

位和角色功能，无声而又坚韧地影响着民事司法的具体程序规则。当然，当事人诉讼权利救济机制的运行和完善也脱离不了对当事人主义和职权主义的"模式"阐释。

职权主义模式下，法院在诉讼程序中拥有主导权，程序的进行由法院依职权推进①，如何保证法院职权顺畅地行使，防止审判迟延、高效推动程序进行是核心问题。职权主义模式中，当事人诉讼权利范围相对较小，诉讼权利的救济性规范匮乏。随着司法体制改革的推进，当事人在程序启动、诉讼资料和证据资料收集等方面的主动权得到进一步加强，当事人诉讼权利有了进一步拓展。民事诉讼法的多次修改亦"贯彻尊重当事人处分权的指导思想"②，当事人程序主体地位已经有明显提高。但是，民事诉讼法中的"新职权主义"亦值得关注。"新职权主义"将原本属于当事人实施的诉讼行为和应承担的责任归还给了当事人，但基于"案件的大量增加"和司法力量的有限性，法院可能采取较为隐性的诉讼权利的限制方式，这在一定程度上"伤害了当事人权利"。新职权主义以直接作用于"当事人诉权、诉讼权利及实体权利本身"的方式发挥影响，通过"权利性质阐释、权利行使方式和条件"的限定直接影响诉讼权利之实现，并将诉讼权利行使不能的后果加诸当事人。③

数次修法后，当前我国诉讼权利救济制度得到较大程度的完善。但毋庸讳言，法院职权主导诉讼程序开展的惯性仍然常见。对单方面展开、且影响当事人诉讼权利的法院职权行为，在不少情况下，当事人依然缺乏即时表达不服的渠道，其诉讼权利难以及时获得救济。比如，民事审前程序中，指定管辖行为、管辖权转移行为、驳回当事人举证期限行为、依职权追加当事人行为、期日安排行为、自主合并诉讼行为等；庭审进行过程中

---

① 《民事诉讼法学》编写组．民事诉讼法学［M］．北京：高等教育出版社，2022：50-51.
② 《民事诉讼法学》编写组．民事诉讼法学［M］．北京：高等教育出版社，2022：51.
③ 刘荣军．民事诉讼中"新职权主义"的动向分析［J］．中国法学，2006（6）.

对当事人发言和发问的指挥行为、争议焦点归纳、中止或延期诉讼行为等，上述职权行为事项与具体的诉讼权利维护有关，与案件实体判决紧密联系，但因无即时性的救济措施配置，即使当事人诉讼权利受损，也难以及时声明不服。

诉讼模式的选择大体上能呈现法院职权行为和当事人诉讼行为之间的关系。加强当事人诉讼权利的保障，完善当事人诉讼权利救济机制，是转变我国民事诉讼模式的重要内容。如今，法院和当事人之间的合作是一种"行为趋势"，"合作主义"也是"现代的、社会的民事诉讼的典型特征"，其使两大程序主体"彼此相互让步"。① 这种合作主义在我国也被表述为"协同主义"②。在协同主义的理想图景中，法律不但要赋予当事人广泛的诉讼权利，还要为诉讼权利精细地配置救济措施。协同主义模式观也注入了两大法系的民事诉讼立法。1895 年的奥地利民事诉讼法、1930 年德国民事诉讼法以及 1938 年的联邦民事诉讼规则已开始体现协同主义精神；"二战"后，法国民事诉讼法、英国民事诉讼规则也朝此方向行进。③ 与英美法系纠正自由放任的传统模式的目的不同，在洋溢着职权主义倾向的我国民事诉讼法中贯彻协同主义，其核心内容不是要否定法院的程序控制权，而是要立足当事人诉讼权利角度加强法院职权的约束，进一步扩大当事人程序参与的空间。这要求当事人有足够的手段维护自身的程序利益和实体利益，有足够的"武器"防御来自法院职权行为的侵损，防止协同主义又滑落为"新职权主义"。其中不可缺少的环节就是为当事人诉讼权利构建起完备的救济机制。

---

① ［德］鲁道夫·瓦塞尔曼. 从辩论主义到合作主义［M］//米夏埃尔·施蒂尔纳. 德国民事诉讼法学文萃. 赵秀举译. 北京：中国政法大学出版社，2005：372.
② 田平安，刘春梅. 试论协同型民事诉讼模式的建立［J］. 现代法学，2003（1）；洪德琨. 走向中和的民事诉讼模式论——协同主义诉讼模式在我国的构建［J］. 法律适用，2009（5）；冀宗儒. 当事人主义、职权主义与合作主义——民事诉讼立法指导思想的发展［J］. 公民与法，2009（12）.
③ 王福华. 民事诉讼专题研究［M］. 北京：中国法制出版社，2007：30-31.

具体来说，理想的协同主义应该包含下述两方面的基本内容。（1）法院和当事人相互制约。协同主义模式下，法院是推动程序的主体，可审查当事人行为；当事人是程序促进的主要参与者，可以凭借救济机制约束法院的职权行为，对法院推进程序的行为可声明不服。也即，在协同模式中，不单是法院可作用于当事人行为，更重要的是，当事人可积极、主动作用于法院行为，促使法院重新考虑、矫正自身的职权行为。对此，法律要完善作为诉讼行为支撑的诉讼权利救济机制，拓展诉讼权利的救济广度。（2）完善诉讼权利的救济机制。虽然学界对于如何概括新诉讼模式仍然有不同观点①，但加强诉讼程序中的法院职权控制是各类模式的一致认识。"新职权主义"出现的重要原因之一就是当事人诉讼权利的相关制度建设不足，特别是诉讼权利救济机制不够完善。在未来的民事司法改革中，适宜于在协同主义模式下，建立起经常性的、常态化的当事人对法院职权行为表达不服、寻求救济的机制，进一步彰显当事人程序权利。

二、从独重诉讼权利的拓展到并重诉讼权利的救济

从纵向角度来看，自 1979 年最高人民法院发布的《人民法院审判民事案件程序制度的规定》开始，当事人诉讼权利的救济范围就处于拓展中。以申请回避权为例，《人民法院审判民事案件程序制度的规定》仅规定当事人就回避事项"主动提出意见"的可能，1982 年的《民事诉讼法（试行）》为其配置了复议救济；管辖救济也类似，1982 年《民事诉讼法（试行）》没有确认当事人对管辖的异议权利，1991 年《民事诉讼法》对此作出了详细规定。但不可否认的是，立法中，诉讼权利的救济配置落后

---

① 实际上，除了比较流行的协同主义模式外，还有张卫平教授提出的协动主义、何文燕教授等提出的和谐主义等模式。同时，学界认为，从中国实践出发，明确当事人与法院在民事诉讼中权能划分，为两种模式寻找有力的"黏合剂"，形成解决民事纠纷的互动机制，更符合中国现实需要。参见《民事诉讼法学》编写组. 民事诉讼法学［M］. 北京：高等教育出版社，2022：52.

于诉讼权利拓展的步伐。从 1982 年试行法到 1991 年《民事诉讼法》，特别是随着《证据规定》等一系列司法解释的实施，当事人诉讼权利范围有了跨越式发展。立法试图以诉讼权利范围的拓展来强化当事人的程序地位，致使诉讼权利的广度有深刻变化。2012 年的《民事诉讼法》继续延续了诉讼权利范围拓展的趋势，如新增了申请专家证人的权利，扩大了管辖选择权，确定了送达方式选择权、启动鉴定程序权、逾期提供证据权、要求法院提供资料收据权等。但应看到，一方面，扩大诉讼权利范围是当事人应有程序权利的正常回归，亦是当事人程序主体地位的基本要求；另一方面，诉讼权利的数量增长和当事人程序主体地位强化无必然因果关系，或者说，单纯的诉讼权利范围扩大并不必然提升当事人的程序主体地位。

诉讼权利"扩容"并没能从实质上压缩法院职权空间，在诉讼权利和法院权力空间的再分配过程中，诉讼权利拓展并没有实现权利（权力）对比的质变。[①] 以在"制度理念""价值观念""规则体系"等方面有"突出贡献"[②] 的《证据规定》为例，虽然《证据规定》对诉讼程序中法院的证据行为进行诸多限制和约束，将很多的证据权利还给了当事人，但是大多证据权利行为仍然无法脱离法院的审查。证据保全权[③]、申请鉴定及重新鉴定权、证据交换权、提供新证权、延期举证权等权利，基本上都得在法院审核下才被许可享有。但是，纵观《证据规定》，除了申请法院取证和提出新证据权利外，其他可能受证据裁决影响的证据权利，都无相应的救济配置。显然，由于忽视了对当事人证据权利的救济强化和配套，单纯地强调证据权利的拓展，这对证据程序中当事人程序地位的提升效果有限。

---

① 廖永安等. 民事诉讼当事人异议的法理分析 [J]. 法学杂志，2012（12）.
② 汤维建，陈巍.《关于民事诉讼证据的若干规定》的创新与不足 [J]. 法商研究，2005（3）.
③ 2012 年修正后的民事诉讼法已经为终局保全配置了救济.

对此，有学者从法律规范的构成角度认为①，民事诉讼法以"职权性规范"确定法院的审判权，以"授权性规范"确定当事人的诉讼权利，在法律规范的角度，列举诉讼权利仅仅是明确了当事人可能的"行为模式"。如果缺少权利受损后的救济措施的规定，将使程序规范失去其完整性和规范价值。诚如此言，无保障的诉讼权利是宣示性的、抽象性的权利。形式上，体现当事人程序利益的诉讼权利得到了前所未有的拓展，但面对大量的救济"真空"，当事人程序地位难以获得实质提升。当事人从"诉讼权利贫困"到"诉讼权利救济贫困"，根源在于虽然注重了诉讼权利量的增长，但忽略了诉讼权利质的改变，即纵深保障。

"法律制度既有规范的一面，又有事实的一面"，规范是一种"应然"，如果其不能对人的行为产生影响，那么法律只是神话②。诉讼权利的法律确认是一种"应然"，而配置救济能保证其从"应然"转化为"事实"。单纯的诉讼权利拓展无法产生"事实"上的实效，这种实效的产生有赖于救济机制的完善。前者是前提，后者是保障；救济的加强建立在诉讼权利拓展的广度上，没有充分赋予当事人诉讼权利，则救济的影响无法扩大。因此，有必要关注当事人诉讼权利的立法。但对于现阶段的民事诉讼，重视赋权后的救济保障显然是更重要、更优先的事情。也即，立法要从独尊诉讼权利拓展，转移到强化诉讼权利救济的轨道上来。从法院权力控制角度来看，没有救济，或者救济配置不当，法院职权就欠缺了一道重要的约束机制，民事诉讼程序仍将保留较强的权力驱动型色彩。改变当事人弱势的程序地位，必须在增列诉讼权利的同时，精细地为相关诉讼权利

---

① 许少波. 论否定性法律后果的立法设置——以救济当事人民事诉讼权利为主的考察 [J]. 法学评论. 2005（2）.

② ［美］E. 博登海默. 法理学：法律哲学与法律方法 [M]. 邓正来译. 北京：中国政法大学出版社，2004：254-255.

配置救济，防止当事人从"权利贫困"又滑落到"救济贫困"的窘境。①概言之，诉讼权利的拓展和诉讼权利的救济同等重要，在当事人诉讼权利不断扩大的情况下，其救济保障也要同步加强，其中，尤其要扩大诉中救济的适用空间。

三、从独尊终局救济到突出诉中救济

民事司法中，"程序性主体原则"是立法者从事立法、法官运用现行法等均需遵守的指导原理，此原理要求程序当事人"不应沦为法院审理活动所支配之客体"，应从实质上保障当事人"有影响裁判形成"之程序权利。②赋予当事人对程序过程的控制权，就要确立当事人在诉讼过程中的程序主体地位，准许当事人在诉讼过程中，对法院的程序性职权行为表达不服。如果当事人只能被动地适应法院主宰程序，不能对程序运行提出建议、发表异议，那么当事人就只是程序过程中的客体。一般地，如果当事人对于其参与的裁判过程越信服、越满足，那么，其自发顺从裁判内容所确定的纠纷解决方案之概率也越高。③

在我国民事司法过程中，当事人对诉讼过程的参与控制度远低于法院对程序的掌控。诉讼权利救济机制运行模式并不鼓励当事人提出诉中救济。或者可以说，我国当事人诉讼权利救济机制是典型的结果导向型救济。此种属性的救济结构疏于诉讼过程中法院程序性职权行为的及时规制和矫正。立法将大量的当事人诉讼权利救济置于本案判决后，即采取终局救济方式。与诉中救济比较，终局救济的优点是程序形式更加流畅，诉讼展开少有阻滞，在表面上比较贴近司法效率价值。但在终局救济型模式中，除法律明确规定的少许事项可诉中救济外，当事人在诉中干预程序、

---

①　廖永安等．民事诉讼当事人异议的法理分析［J］．法学杂志，2012（12）.
②　邱联恭．程序选择权论［M］．台北：三民书局，2000：30.
③　邱联恭．程序选择权论［M］．台北：三民书局，2000：28.

要求法院对诉讼权利予以救济的机会并不多。当事人在诉讼过程中的不满情绪被遮掩于法院推进程序的高效之下，直到本案判决后才准允终局救济。这种救济结构实际上也是我国民事诉讼法"重实体、轻程序"的传统和职权主义的诉讼模式在诉讼权利救济机制上的投射和反映。

终局救济型模式中，立法倾向于法院诉讼指挥权的维护，对诉讼过程中向法院的程序性裁决、程序处分行为发起的挑战采取贬抑态度。排斥当事人的过程控制或诉中救济，将直接导致异议和复议等过程控制方式无法扩大适用；上诉和再审作为结果救济方式被频繁适用，也进一步导致了特殊救济方式的普通化。两次修法的情况也从一个侧面印证了这种倾向：立法者对作为终局救济方式的再审制度改动较大，但几乎忽视了诉讼过程中独立救济制度的完善。民事程序是有着严格时空顺序要求的过程，正是通过这样一个规范化的诉讼过程，才产生了最后的终局判决。正当的终局判决建立在正当的程序之上。忽视诉讼过程的规范及治理，当事人仅在几种被列举的场合才获得诉讼过程中的救济机会，诉中救济比率远低于终局救济。如此，诉讼过程中出现的程序瑕疵行为无法经由诉中的独立救济及时"治愈"。由法院主导的、存在瑕疵的诉讼，虽然可在形式上获得"高效""流畅"的表面效果，但实质上，"带病运行"的程序显然无法产出高品质的实体结果。同时，因欠缺诉讼过程中主张救济的机会，某些本可于诉中利用异议或复议进行简易救济的程序事项，大量挤入程序更复杂、成本更高昂的上诉和再审等救济通道。另外，也要看到，即便是有终局救济的保障，因为受时间改变、成本变化等因素影响，某些受损的诉讼权利实际上难以在事后得到弥补、恢复。① 例如，终局救济中的审级救济往往无法挽回"下级审的违反诉讼经济的行为"，下级法院已经浪费的劳力、时间和费用，即使赋予上诉机会的审级保障，也不过是再次徒增当事人上述成

---

① 廖永安等. 民事诉讼当事人异议的法理分析［J］. 法学杂志，2012（12）.

本的支出。①

诉中的独立救济是诉讼过程中的事中责问，与本案判决后的终局救济相比，方便且成本低廉，具有不可替代的价值。其一，满足当事人事中与法院交涉对话的需求。重视诉讼权利的事中救济，重视法院行为的事中矫正和规制，这已经成为一些国家或地区民事诉讼立法的基本趋势。例如，德国法规定，"参与辩论的人，如果认为审判长关于指挥诉讼的命令，或者审判长或法院成员所提的发问为违法而提出异议时，由法院裁判之"。②《日本新民事诉讼法》第 150 条也有类似规定。其二，提升诉讼过程的品质。可能诉中救济主张未必能成为法院裁判的最后意见，诉中救济的理由也未必能真正成立，但是，对影响诉讼权利的程序性裁决行为，法院有责任向当事人阐释裁决的理由，有责任及时听取当事人的意见表达。在诉中救济主张合理的情况下，法院必须及时纠正程序性裁决行为；对事中救济的漠视或排斥，容易导致司法的专断、过程的恣意，削减当事人和社会对司法的信任度。其三，增进实体结果的真实。诉中救济有利于终局判决。最终判决是各类意见的综合，程序性事项的诉中救济，可促使法院谨慎裁判，及时查错，有利于一次性地形成真实的实体结果，从而提高判决的准确率，降低当事人在事后继续上诉、申请再审或寻求诉讼外救济的概率。③

第三节　当事人民事诉讼权利救济机制运行的结构取向

当事人民事诉讼权利救济机制的完善，应在尊重我国法律传统和司法实际的基础上，修正和发展现行诉讼权利救济机制运行模式。考虑到我国

---

① 邱联恭. 司法之现代化与程序法［M］. 台北：三民书局，1992：267.
② 《德国民事诉讼法》第 140 条。
③ 廖永安等. 民事诉讼当事人异议的法理分析［J］. 法学杂志，2012（12）.

地域辽阔及各级法院负担的客观情况，以及现行法律体系下二审终审制度的实际，我国民事诉讼法采取一个覆盖全面、层次鲜明的双轨"金字塔"式救济模式较为合理。一是我国有"双轨"救济的传统。虽然我国民事诉讼现行法不存在类似德国、日本民事诉讼法的抗告、再抗告或法律抗告的制度，但我国诉讼权利救济一直存在双轨救济之传统，即在上诉和再审的终局救济体系之外，还有异议和复议的独立救济方式，只是其功能定位、程序建设有待进一步完善。① 利用本土现有资源完善诉讼权利救济体系，不至于对现行民事诉讼法律体系产生太大影响，立法成本相对较低，主观上也易于被当事人和法院接受。二是"双轨"制有利于诉讼权利的救济。独立救济和附带救济可以相互补充，即使是当事人错过或忽视了提起独立救济，附带救济也能给当事人提供另一种可能的救济选择，可以较好地保障当事人诉讼权利。三是有利于各救济方式功能差别定位。"金字塔"式结构是"司法制度健全化之指标"②。"金字塔"式的救济，可促使各救济方式有明确的、差异化的功能定位，改变功能重叠、层次不足、特殊救济适用扩大化倾向。

一、采取独立救济和附带救济相结合的"双轨"结构

"双轨"救济结构下，诉讼权利救济包括独立救济体系和附带救济体系。其中，独立救济着眼于诉讼过程中的救济，是诉讼进行中、本案判决之前单独对受损的诉讼权利配置的救济，包括异议和复议。附带救济是终局救济，是实体判决后，与本案判决、实体权利一起提起的救济，包括上

---

① 自清代学西法以"变法图强"、改良本土法制时始，到1954年《人民法院组织法》开始实施时止，包括民国时期的相关民事诉讼制度、解放战争时期共产党领导下的解放区内编写的民事诉讼规则，对法院职权的诉中约束、诉讼权利的独立保障都使用抗告之表述。此可参见陈刚. 中国民事诉讼法制百年进程（清末时期·第1卷）[M]. 北京：中国法制出版社，2004；中国社会科学院法学研究所民法研究室. 民诉组民事诉讼法参考资料（第二辑·第一分册）[M]. 北京：法律出版社，1981.

② 沈冠伶. 诉讼权保障与裁判外纷争处理 [M]. 北京：北京大学出版社，2008：39.

诉和申请再审。

有学者认为，作为终局判决前提或准备的中间性裁判，当事人可提出不服；对与案件实体关系不密切且影响程序安定，需要迅速处理的事项，最合理的做法是赋予其与终局判决相区别的独立上诉渠道，通过简易程序尽快解决。① 独立救济对象是单一的，只单独涉及诉讼权利这一个类型的权利，是诉讼权利独立地接受原审法院的救济或上级法院的复查。针对案件诉讼过程中的程序性问题的裁定、决定或命令等，尽管当事人可在针对判决的上诉中，要求上诉审法院对原审法院的上述裁决进行附带审查，但从效益角度而言，允许原审过程中的独立上诉可避免迟延确定"这些程序性决定的正确性"，"即时确定这些程序性决定的正确性可防止初审法院漫长的诉讼"，故有必要设立"专门救济程序"，赋予其"独立的价值"，以表达对裁定、决定或命令的不服。② 理论上，对于独立救济机制之价值，我国台湾地区的学者多从诉讼效率、瑕疵及时治愈、程序安定等角度进行分析。如沈冠伶认为，涉及当事人基本诉讼权的裁定，基于"维持程序安定性之必要"，其救济"需迅速作成"③。制度上，大陆法系国家，或者受大陆法系传统影响较深的国家或地区的民事诉讼制度，如日本、韩国及我国台湾地区的民事诉讼制度，都对诉讼权利的独立救济做了体系化塑造。

附带救济一般是将当事人诉讼权利救济声明与本案的实体问题捆绑在一起而进行的救济，是终局救济方式。附带救济是针对最终判决不服而提起的救济，诉讼权利的救济一般是附带性的。从救济时间上看，独立救济发生在诉讼过程中，原审尚未审理完毕、实体判决尚未做出的期间；附带救济是在案件判决后所进行的一种救济。两大法系都以不同的形式确认了诉讼权利的附带救济，尤其以英美法系为甚。如美国民事诉讼法的终局救

---

① ［日］新堂幸司. 新民事诉讼法［M］. 林剑锋译. 北京：法律出版社，2008：652.
② 齐树洁. 论民事上诉权之保障［J］. 张卫平. 北京：民事程序法研究，2011（2）.
③ 沈冠伶. 诉讼权保障与裁判外纷争处理［M］. 北京：北京大学出版社，2008：36.

济规则一般要求，在最终判决之前，当事人须搁置所有反对意见。在实行"双轨"救济的国家或地区的民事诉讼制度中，附带救济是一种必要的存在。首先，诉讼权利救济往往和实体利益保障相联系。在很多情况下，诉讼权利受损的结果影响实体判决。也即，诉讼权利的附带救济，往往是当事人寻求实体救济的"由头"。其次，当法院职权行为违背强行法规定时，即使是不涉及实体利益，也可附带救济。比如，法院审判组织不合法、没有回避、枉法裁判等损及当事人的公正审判请求权时，可以直接提起上诉救济，并要求推翻原判决。最后，独立救济在效率目标下，一般不采取言辞辩论规则，附带救济能够在一定程度上弥补这一缺憾。

二、构筑诉讼权利救济体系的"金字塔"式组织层级

构建"金字塔"式救济体系有利于推进诉讼权利从平面化救济到立体化层级救济的转型，实现对不同诉讼权利进行有层次的、有梯度的和有差别的多元化救济。

第一，梳理救济层次。现行诉讼权利救济机制中，虽然救济方式具备了多元特点，当事人也可做多项选择。但如前文述及，因各救济方式功能集中于同一平面，救济层次区分不严，当事人实际上没有太多选择。其主要原因是各救济方式的层级不分，层次太少，没有梯度。具体来说，分明的"金字塔"式救济层次，必须同时满足两个条件：救济方式的功能要区分，救济层次的数量要适当。一是适当的功能区分。如果各救济方式功能定位趋同，那么，救济模式就会演化为"圆筒"式救济结构或"梯状"式救济结构，而非功能差异化定位的"金字塔"式的救济结构。二是适度的救济层次。过少的救济层次难以构筑"金字塔"式救济结构，难以满足当事人救济需求。对于大多数诉讼权利而言，两个救济层次基本能够较好满足救济需要，诉讼成本上也可接受，裁判准确度也可基本得到保

障。特殊情况下，也可减少救济层次或增加救济层次。

适度的救济层次能平衡当事人救济的需求与程序安定的矛盾。考虑到我国现实国情，以及基于二审终审的审级制度，无论是附带救济还是独立救济，针对诉讼权利，不可能、亦无必要设置类似域外的三个层次的审级救济制度。但救济层次过少，又影响当事人树立程序公正的信念，难以满足当事人救济诉讼权利的心理期盼。且实践中，为解决救济层次不足的问题，已经出现将再审作为普通救济适用、以增加救济层次的现象。因此，扩大救济层次是构筑"金字塔"式救济模式的必要前提。值得关注的是，立法为增加诉讼权利救济层次所采取的可行方式：（1）在我国法律体系中，再审是唯一的特殊救济方式，这决定了无法在特殊救济领域增加救济层次。因此，扩展救济层次只可着眼于普通救济体系。（2）我国实行二审终审制度，救济层次不可突破现行审级制度，不可能在上诉或复议上面再专门设置一个普通的、类似于域外地区和国家的再抗告或上告救济层次。（3）不拓展救济层次，再审功能将有异化之危险，当事人的救济需求也难以满足。排除了在特殊救济和审级救济层面上增加救济层次的可能性，那么其他可行选项就是扩大原审程序的救济范围，即将原审救济确立为一个单独的救济层级，也即将异议统一地确定为诉讼权利的初次救济方式。尽管异议作为原审救济与回避原则存在一定冲突，但后续的再救济可一定程度上抵消这种冲突，而且，从各国民事诉讼立法来看，扩大低成本、高效率的原审救济适用范围已是一种趋势。

综上，考虑到我国现有审级制度因素，以及诉讼案件不断增多、促进诉讼已成为全球潮流的背景因素，异议可作为第一层次的基础性救济方式，异议以满足当事人诉讼权利救济的最低需求为导向，因此可以扩大其适用范围；第二层次为上诉和复议，是一种移审性质的救济，对异议救济具有监督功能，以满足当事人诉讼权利救济的基本需求为导向；第三层次的救济为再审，以满足诉讼权利救济的某种特殊需求、增强诉讼权利的特定安全为导向，是一种备用的、非常规的救济方式。

第二，夯实救济"塔基"。如前所述，救济的"塔基"由异议构筑。坚实的救济"塔基"应该满足两个条件：首先，有较宽的救济面。"塔基"救济是最低层次的救济，如无较大范围的救济面，当事人诉讼权利还得涌入高成本的、不便利的附带救济和再审救济。因此，立法应准允异议的普遍性适用，让大部分诉讼权利能够获得最低层次的异议救济，改变只许可少数几种诉讼权利可异议的规定。一般地，只要主观上不存在妨碍法院职权行使、阻碍程序开展的恶意，都不应排除诉讼权利的异议救济。其次，提高异议救济的品质。底面救济作为诉讼权利救济的重要层次，其救济质量直接影响到后续救济方式的适用。低质量的异议救济将致底面救济的虚化，并将进一步影响上一层次的再救济，可能摧毁"金字塔"式的救济结构。所以，即使是委诸原审法院救济，原审法院也应超越自身的立场，对原职权行为进行客观审查，而不能出于惯性思维或维护权威之考虑，作出驳回异议和维持原行为的裁断。立法对此也要做精细化制度设计，切实保证底面救济的品质。

第三，搭建救济"塔尖"。当事人诉讼权利救济的"塔尖"任务由再审承担，相对于普通救济方式，要严控再审的诉讼权利数量，严格再审适用条件。纵观全球范围内的诉讼法，无论是对诉讼权利还是对实体权利，再审都是作为特殊救济方式而存在的。但如前所述，我国再审适用面比较宽，在制度和实践两个层面，特殊救济方式都没有成为救济体系中"塔尖"的条件，这是不太合理的。一方面，这可能过度侵蚀法院裁判的既判力。任何判决都会发生一次形式既判力，对于裁定，如"对之不能声明不服"，或"可独立声明不服但上诉期间已过"，裁定亦发生形式既判力。为了维护当事人权益，设置能够"消灭形式既判力"的再审制度是一种必须。但对这种不服应进行范围控制，否则，法院的"判决将处于悬浮状态"。① 另一方面，这也是对法院公信力的损害。适度的再审范围应平衡考虑当事人诉讼权利的保障和法院判决效力的维护。再审范围过大，原裁判效力处于不稳定状态，不利于裁判公信力的树立。

此外，值得注意的是，诉讼权利救济"塔尖"的搭建建立在异议、复议及上诉功能充分发挥的基础上，如果异议、复议和上诉的基础功能不牢靠，救济质量差，客观上将产生倒逼再审入口扩大的负面效果。所以，"金字塔"式的救济结构并非各救济方式无序的"堆砌"，而是遵循基础牢固、层次分明、时序严谨等要求进行理性构筑。若非这样，搭建的救济"塔尖"无异于"空中楼阁"。

---

① ［德］奥特马·尧厄尼希. 民事诉讼法［M］. 周翠译. 北京：法律出版社，2003：315；316；399.

第六章　当事人民事诉讼权利
救济机制完善之路径

博登海默曾说，立法是一个"缓慢而艰难"的发展过程，"真正伟大的法律制度"的特征是"刚性与灵活性的完美结合"，能将"稳固连续性的优长同发展变化的利益联系起来"。[①] 当事人诉讼权利救济制度的改革、技术的改良以及理念的创新并非一朝一夕就可取得的成就，但是随着民众司法需求的日趋增长、当事人权利意识的不断增强、正当程序理念的深入人心，当事人诉讼权利保障也必须在立法和实践层面得到进一步重视，为诉讼权利设置既有"刚性"亦具"灵活性"的救济机制。

第一节　确立独立救济机制的主导地位

如前文所述，在我国，诉讼权利保障适宜采取独立救济机制和附带救济机制相结合的"双轨"救济结构。也即，诉讼权利不但受独立救济机制的保障，也受附带救济机制的保障。但是在整个诉讼权利救济系统中，两者的地位存在主次之分。其中，立法要确立独立救济机制在保障诉讼权利方面的主导性地位，而附带救济机制则退归辅助性地位。

---

① ［美］E. 博登海默. 法理学：法律哲学与法学方法 ［M］. 邓正来译. 北京：中国政法大学出版社，2004：423.

一、确立独立救济机制主导地位的原因

（一）诉讼权利与实体权利的救济理念有诸多不同

附带救济体系是诉讼程序结束后的终局救济体系，其主要适用于实体权利的救济，包括我国在内，世界上大多国家和地区的民事诉讼规则主要是以实体权利为核心来构建附带救济体系的。确立独立救济机制的主导地位，并非放弃由上诉和再审构成的附带救济体系，但其要求于以实体权利为主要对象的附带救济体系之外，针对诉讼权利和法院程序性职权行为特点，打造一套以诉讼权利救济为内容的、专门适用于诉讼权利保障的、由异议和复议构成的独立救济体系，以防止诉讼权利救济隐藏在实体权利救济的背后，沦为实体权利救济的"附属品"。

程序性事项是"独立于实体裁判的特殊问题"，其"虽然发生在实体性裁判过程中，却有着完全独立的诉讼构造和诉讼目标"。[①] 实体权利和诉讼权利都脱离不了救济保障，但"程序权利并非实体权利的组件"[②]，两者的救济理念和方式存在较大差异。"程序规范和原则"有独立于实体的"基本原理和机制"[③]，程序规则和程序价值能够"穿越实体"，形成"穿越实体的程序价值"。[④] 法院对案件的实体判断虽然发生在诉讼过程中，但其一般是在全部证据材料基础上进行综合判断的结果。实体结果一般要历经法庭调查、法庭辩论等连续过程，产自诉讼即将结束、案件判决的阶段。因此，当事人实体权利的救济诉求，多指向法院的综合性判决，

---

① 陈瑞华. 程序性制裁理论 [M]. 北京：中国法制出版社 2005：312-313.

② Larry Alexander. Are Procedural Righets Derivative Substantive rights? Law and Philosophy, 1998（17）：19-42.

③ 徐亚文. 程序正义论 [M]. 济南：山东人民出版社，2004：160.

④ Robert M. Cover, Reading the Rules：Procedural Neutrality and Substantive Efficacy in For James Wm. Moore：Some Reflections on a Reading of the Rules, 84 Yale L. J. 718, 722-740. 转引自徐亚文. 程序正义论 [M]. 济南：山东人民出版社，2004：161.

一般在原审程序结束后才可启动救济。即使立法允许对部分实体问题预先判决，但因案件的实体问题往往具有牵连性，立法一般也不允许当事人对预先判决单独表达不服，寻求独立救济。如美国民事诉讼规则一般认为，"上诉审查建立在完整的事实记录基础上""当事人必须暂时搁置其所有反对意见，直到初审法院完全结案""只有上诉法院才有权受理上诉"。①《德国民事诉讼法》第303条规定，就实体问题而产生的中间判决，一般"只能与终局判决一起被声明不服"。②

不同于实体权利的裁决，一个诉讼程序中，影响当事人诉讼权利的法院程序性裁决或者说程序性职权行为密集地分布于诉讼各阶段，不能将诉讼权利的救济付诸一次整体性的救济。同时，诉讼程序是一个连续的、连环的过程，程序的"个别规定隐含于程序整体结构的背后"，一个法律程序"不允许其中的各个规定相互孤立"③。一次有瑕疵的程序性裁决往往可能链条式地作用于法院的下一个行为，一项受损的诉讼权利往往会直接影响到当事人后续的诉讼行为，并进而影响到当事人实体权利。此外，影响诉讼权利的程序性裁决也不同于实体裁判，前者往往不经辩论，单方行为多，职权色彩浓厚，适用频率高。如果没有与法院程序性裁决特点相适应的独立救济机制，将诉讼权利保障建立于援引实体性裁判的救济模式和规则的基础上，既不符合当事人对诉讼权利低成本和高效救济的期待，也有违诉讼运行规律。要认识到以实体权利为主要对象的终局救济特点，并根据诉讼权利特点配置救济措施，构筑起独立救济体系，这是程序保障的必须。反之，如果不能及时治愈因诉讼权利受损而带来的程序瑕疵，而是静待本案结束后与实体权利一起实施终局救济，可能错过救济时机，某些受损事项不可恢复，或者恢复成本过高。大陆法系国家和地区的民事诉讼

---

① 宋冰. 程序、正义与现代化 [M]. 北京：中国政法大学出版社，1998：168.
② [德] 罗森贝克等. 德国民事诉讼法 [M]. 李大雪译. 北京：中国法制出版社，2007：386.
③ [日] 三月章. 实体法与诉讼法——从实践问题提起 [J]. 刘荣军译. 环球法律评论，1999 (3).

规则中，基本存在诉讼权利的独立救济体系，单独为诉讼权利救济设置了诸如异议、抗告、再抗告（法律抗告）的救济方式，与作为实体权利救济方式的控诉、上告相区别，其也是出于程序权利的特点及其救济需求的特殊性考虑。

（二）独立救济机制的主导地位是程序正义的重要内容

程序正义是正义的核心要义，一定程度上决定了法治和任意治理的分野。① 而且，程序所实现的内在价值具有独立于"结果准确性的价值和利益"②。因此，与实体权利救济分离，单独设立诉讼权利的救济序列有其固有的法理逻辑。在诉讼法发展历程中，程序正义经历了一个从实体公正的"幕后"走上"台前"的过程。古代法中，诸法合体，程序法并没有脱离实体法，其甚至依附于实体法而存在。此中，"司法女神"的各类审判并未"由一条原则贯穿着，它们是个别的、单独的判决"③，即没有系统的诉讼规范和诉讼法典。相对而言，立法更重视实体法的创制和理论创新。因此，古代法中有关诉讼权利的规范一般散见于实体法律中。随着立法对程序正义认识的深入，17 世纪，大陆法系国家开始重视诉讼法的独立建制。④ 我国诉讼法制历经了一个从民刑分离到实体法和程序法分离，再到民事诉讼法与刑事诉讼法分离的过程。当前，我国虽然有形式上的诉讼法典，但诉讼法的诸多内容基本没有脱离实体利益保障的核心，实体利益保护是设计和评价诉讼程序优劣的主要标准。概括而言，我国立法对程序正义的追求一般在三个层面上展开。第一个层面是以民事诉讼的单独立

---

① ［美］迈克尔·D.贝勒斯.程序正义：向个人的分配［M］.邓海平译.北京：高等教育出版社，2005：1.

② ［美］迈克尔·D.贝勒斯.程序正义：向个人的分配［M］.邓海平译.北京：高等教育出版社，2005：155.

③ ［英］梅因.古代法［M］.沈景一译.北京：商务印书馆，1996：3.

④ 1667 年，法国颁布《民事敕令》（路易法典），这一般被认为是历史上最早的民事诉讼法雏形。它对当事人向法院提出诉讼文书的程序，提出事实和证据的程序，以及当事人如何进行辩论，都作了比较系统的规定。参见于绍元.中国诉讼法学［M］.北京：中国法制出版社，1994：16.

法作为程序正义的回应，以形式上的诉讼法典来昭示立法和司法对程序正义理念的尊崇。第二个层面是以当事人程序权利范围的拓展作为程序正义的回应。历经多次修改的民事诉讼法以及诸多司法解释中，当事人诉讼权利的扩充成为立法尊重程序正义的突出标志，立法要求法院尊重当事人诉讼权利，不能任意进入诉讼权利领域。第三个层面主要以强化诉讼权利的附带救济作为程序正义理念的回应。在这个层面，立法开始关注当事人程序利益的保障，并为当事人诉讼权利设置了保障措施，但程序利益的救济措施配置、救济衡量标准以及救济启动等往往依附于实体利益保障和救济制度，与实体利益联系在一起。比如，立法对诉讼权利的独立救济制度关注度不够，以附带救济作为诉讼权利救济的主导性措施。

在上述三个层面上，诉讼权利范围虽有扩大且有上诉和再审等附属保障的强化，但针对诉讼权利的救济始终没有脱离实体考量的体系和标准。以强化诉讼权利的独立救济作为程序正义的回应，可以视为我国立法对程序正义追求的第四个层面。此亦为在诉讼过程中实质贯彻程序正义理念的重要环节。建立体系化的诉讼权利独立救济制度，使诉讼权利与实体权利救济相对分离，进一步彰显了程序正义不同于实体正义的独立价值。反之，舍弃诉讼权利独立救济制度体系的建构，杂糅诉讼权利和实体权利的救济，程序正义理念难以较好地落到实处，民事诉讼法也摆脱不了实体法、实体权利工具的地位。

（三）诉讼权利的独立救济也是一种立法趋势

德国、日本、韩国以及我国台湾地区均采取诉讼权利的独立救济，实体权利和诉讼权利救济虽非绝对分开，但两者均有专属于自身的救济体系。英美法系国家中，考虑陪审团制所产生的持续审理要求，传统上不提倡中断程序而独立上诉。在陪审团适用率逐渐缩小的背景下，诉讼权利独立救济也有新的发展动向。① 以有终局救济传统的美国诉讼法为例，"程序性问题"也被视为"普遍重要性"问题而允许进行诉中的独立救济；学者认为，不及时处理诉讼早期的严重错误，"案件的其他阶段将成无用之功"②。美国大多数州和联邦法院系统虽然在传统上采取"最终判决规则"，当事人一般只能对法院作出的终局判决上诉，而终局判决之前的裁决，不能在该裁决作出时立即上诉。③ 也即，须将当事人不服事项推迟到初审法院诉讼结束后才开始。但同时，学界和立法一直被最终判决规则的"例外"所"困惑"，并认为这种"例外""在某种程度上是不可避免的"④。波斯纳认为，允许当事人对诉讼期间的（可能损及当事人权利的）法院裁定即时上诉，这有两方面好处，一方面，可避免确定裁定之正确性的过程延长；另一方面，即时确定裁定的正确性可防止初审法院的冗长诉讼，如果不允许当事人在诉讼进程中提起救济，以及时矫正法院行为，那么所有的裁定都可能由最终判决而引起争论。⑤ 贝勒斯也同样认为，虽然终局规则或许可减少直接成本，但如发现初审法院有严重错误或不可补救的错误，应允许当事人独立上诉。⑥ 实际上现在美国一些州已废止了终局判决规则，如纽约州允许对法院的任何裁决立即上诉，并认为此举可避免原审法院"可能继续进行的不必要的审理"，且只有使诉讼过程中"各阶段出现的异议立即得到解决，审理才可能顺利而有效地进行"。⑦ 质言之，及时矫正原审法院的失当职权行为，会使诉讼过程更加公正，并可提高终

---

① ［日］中村英郎．民事诉讼制度和理论的法系考察［M］．陈刚．比较民事诉讼法（2003卷）．北京：中国人民大学出版社，2004.

② ［美］杰弗里·C．哈泽德，米歇尔·塔鲁伊美国民事诉讼法导论［M］．张茂译．北京：中国政法大学出版社，1998：194-195.

③ 乔欣，郭纪元．外国民事诉讼法［M］．北京：人民法院出版社，2002：115.

④ ［美］理查德·A．波斯纳．法律的经济分析［M］．北京：中国大百科全书出版社，1997：761.

⑤ ［美］理查德·A．波斯纳．法律的经济分析［M］．北京：中国大百科全书出版社，1997：762.

⑥ ［美］迈克尔·D．贝勒斯．法律的原则——一个规范的分析［M］．张文显等译．北京：中国大百科全书出版社，1996：82.

⑦ 乔欣，郭纪元．外国民事诉讼法［M］．北京：人民法院出版社，2002：118.

局判决的公信力。因此，包括联邦法院系统在内的美国法院，传统的终局判决规则逐渐动摇，诉讼过程中的独立救济有扩大适用趋势。

突出独立救济机制的主导地位，可保障程序主体"富有意义地参与诉讼过程"，使当事人能够与法院"进行理性争辩和说服"，"并对裁判结局发挥影响及制约作用"。① 但需注意的是，程序正义和实体正义依然存在相辅相成的关系，附带救济和独立救济也有相互补充的关系，不可相互取代。强调程序正义，并非要抛弃实体正义；突出独立救济机制的主导地位，并非要抛弃附带救济机制。确立独立救济机制的主导地位，只是表明在民事诉讼过程中，要放弃以实体正义作为唯一的程序评价标准的传统，要更加突出程序正义在法院行为及诉讼运行评价体系中的权重，更加重视独立救济对诉讼权利保障的价值。

二、确立独立救济机制主导地位的基本要求

(一) 独立救济机制的形式理性

因为独立救济机制并无规范化的、体系化的"标准"规则，异议和复议操作规则较为依赖于法官的主观阐释。民事诉讼程序正义必然要求民事诉讼法律赋予人民法院诉讼指挥权和一定限度的自由裁量权等②，所以，相信经过职业法官的专业化判断和操作也是自然的事情。但个案中，当事人申请异议或复议是对法院的某些具体职权行为表达不同意见，并经由这种不同意见来平衡法院和当事人之间的关系。由法院，特别是由原审法院对此种不同意见的处理，要求存在超越法院自身阐释形成的稳定而成熟的规则，以进一步增强当事人对法院处理结果的信赖。同时，民事诉讼法作为程序法，对程序的形式理性的追求是其本身特性的反映，也是程序法定

---

① 陈瑞华. 程序正义理论 [M]. 北京：中国法制出版社，2010：145.
② 参见李祖军等. 民事诉讼法 [M]. 重庆：重庆法院出版社，2003：103.

原则的基本要求；程序法也是技术规范，操作技术的精细度及严谨度高，才可在交往主体之间形成可靠和可预测的关系。"形式理智"是"现代法律的主题"，要求对各类法律采取"专业的、条文主义的和抽象的态度"。"形式理性的法律"尊重一般的法律原则，能够被准确预测，有"高度抽象的规则形式"及明确的法律概念。① 独立救济制度的形式理性可增进救济方式操作的理性，促进救济裁判的理性；确立独立救济机制的主导地位，必须要有符合民事诉讼原则、"可准确预测"、具有"形式理性"的制度设计。

规范化、体系化的操作准则是程序法定的基本要求，不能对不同程序或不同案件的异议或复议设置大相径庭的规范。现行的诉讼权利救济体系中，异议和复议的操作规范比较分散，存在前后规定不一致的情况，理解和适用均有不便；在异议和复议之间的关系处理方面，两者缺少有机的衔接。② 魏因贝格尔认为，不统一和零散的制度规范，可能导致"在同一交流渠道的不同终端上被呈现为不同的事物"。③ 实践中，因分散性立法，救济体系基本没有形成过关于独立救济方式适用的统一性思维，法院也难以从整体上把握各救济方式之间的内在关系。"法律思维的理性建立在超越具体问题的合理性基础上"④，过于依赖具体司法环境中的独立救济规范的设置，无法形成统一的独立救济法理，不利于法院的适用和当事人的理解。此外，独立救济制度的体系化可以凸显民事程序法对诉讼权利的重视，使民事诉讼法从实体权利的工具法回归到程序保障法本身，唤起司法

---

① ［美］劳伦斯·M. 弗里德曼. 法律制度：从社会科学角度观察［M］. 李琼英等译. 北京：中国政法大学出版社，2004：330-331.

② 现行诉讼权利救济体系中，异议和复议、上诉关系位阶关系不清晰，三者既有并列关系，也有递进关系。比如，对异议的保障性救济方式，某些时候规定为复议，某些时候规定为上诉。参见廖永安等. 民事诉讼当事人异议的法理分析［J］. 法学杂志，2012（12）.

③ ［英］麦考密克等. 制度法论［M］. 周叶谦译. 北京：中国政法大学出版社，1994：42，44.

④ ［美］艾伦·沃森. 民法法系的演变及形成［M］. 李静冰等译. 北京：中国政法大学出版社，1997：32.

对诉讼权利、诉讼运行过程本身的关注，更加有利于对诉讼权利的保护。

尊重当事人程序主体地位，加强诉讼权利的保障，我国当事人诉讼权利救济机制有必要以二元界分的体系替代多元方式混合的体系。即在附带救济的规范体系之外，有必要单独构建诉讼权利独立救济的规范体系，将两者作为既相对独立、又相互联系的平行性规范体系。在此思路下，民事诉讼法中宜单设"异议与复议"的章节，明确规定异议与复议适用的原理和方法，以达到"概念精确的表达""避免法院的任意行为和保障法律安全"的目的。① 大陆法系国家或地区的民事诉讼制度中，诉讼权利独立救济的立法比较典型，在形式上都有专门性立法，只存在"篇"与"章"的立法体例之区别。例如，德国、日本以及韩国的民事诉讼法都在"上诉篇"中，以"专章"方式确定诉讼权利的独立救济体系，与实体权利的上诉救济制度并列。我国台湾地区的独立救济制度独立成篇，即"抗告程序篇"，以显示对法院职权行为的规制和对当事人诉讼权利独立救济的重视。专为诉讼权利保障而设置的独立救济制度体系对于打造诉讼权利保护的"安全网"非常必要。域外法律多将抗告规范作为民事诉讼法的上诉制度组成部分，置入"上诉制度篇"中规范。在我国大陆，异议作为独立救济机制中的独立救济层级，显然并不归属于上诉范畴，复议虽然可朝审级救济发展，但仍与上诉存在较大差别。综上，在立法形式上，比较妥适的方法是将"异议与复议"章单独设置，与实体权利救济的体系相互区别。

（二）独立救济机制的实质理性

理性是法之为法的"内在逻辑品质"，如果说形式理性是法的"外在技术品质"（如法律语言、技巧等）②，那么，法的实质理性则是一种"内

---

① ［德］N. 霍恩. 法律科学与法哲学导论［M］. 罗莉译. 北京：法律出版社，2005：308.

② 许章润认为，法的形式理性表现为通过"智性制度安排"和"法律技术"赋予规则与秩序的稳定性、可预测性和明晰性。参见许章润. 法律的实质理性［J］. 中国社会科学，2003（1）.

在逻辑力量"，即通过包含具有"现实性""价值性"的具体的制度安排，赋予法律规则和相关秩序一种稳定而可靠的"技术秉性"，使主体活动行为有内容可依。① "完美"的技术形式和完善的实质内容，是作为主导地位的独立救济机制臻于理性的基本要求。

在独立救济体系与附带救济体系科学界分的前提下，在独立救济体系内部，完善异议和复议的相关制度就是独立救济机制实质理性的重要内容。对此，大陆法系国家或地区的独立救济体系形成了以制约法院职权为基础，以保障当事人程序权利为目的，以抗告措施为核心的程序权利救济制度。上述国家或地区的独立救济方式表现多元，但绝不杂乱。各救济方式功能分流、结构分层的脉络十分清晰，较为全面地考虑到了程序权利的初次救济和再救济。例如，德国和日本民事诉讼法历经几次修改，建立包括即时抗告、法律抗告或再抗告的法律制度，从广度和纵深两个方面对程序权利进行了较严密的保护。

立法难以穷尽诉讼权利的具体形态，理论上也难以将全部诉讼权利的类型精确化，故此，我国的诉讼权利独立救济系统宜以法院程序性职权行为约束为基础，以异议和复议的制度建构为核心。换言之，独立救济体系的程序规范和主体内容可以法院程序性职权行为的规范和制约为主线。因为如前文所述，对诉讼过程中的法院程序性职权行为的制约措施，本身就是当事人诉讼权利的救济和保障措施；诉讼权利的救济与法院失当的职权行为基本存在一种对应关系。而且，从根本上说，诉讼权利侵损源自法院的职权行为，也只有以矫正法院职权行为为导向的独立救济体系，才能真正达到有效救济诉讼权利的目的。综上，理性的独立救济机制一般须包括下述具体内容：（1）规定异议和复议的适用对象。即确定异议和复议的适用对象、作用范围等，此为两者功能分流的必要内容。（2）明确异议和复

---

① 许章润. 法律的实质理性 ［J］. 中国社会科学，2003（1）.

议的程序规范。即确定异议和复议的启动时间、方式、形式等条件，此为两者规范化操作的基本要求。（3）确定法院的回应规范。即规定法院对异议和复议的受理、审查及裁判规则，此为两者产生实效性的必要内容。（4）确定异议和复议的适用顺位及联系。即除了独立确定两者的操作程式外，还要特别理顺两者在独立救济系统中的相互关系，此为两者梯度分层的必要内容。值得注意的是，除了在"异议和复议"专章中确定两者的制度内容、操作规范外，还有必要结合具体的程序环境、诉讼阶段、案件性质等具体情况，相对灵活地安排异议和复议适用。

第二节　救济机制适用对象范围的界定

救济机制适用对象范围决定了救济机制的作用范围，直接关系到诉讼权利的救济广度。前文已述及，我国当事人诉讼权利救济范围，特别是诉中的独立救济机制适用范围，多采取列举式、许可式规定，列举范围外的诉讼权利难以获得及时和便利的救济。对此，要扩大独立救济机制的适用范围；同时，要适度规定救济范围的例外，以免救济的滥用。

一、扩大独立救济的适用范围

因现行法中的上诉是"普惠式"上诉，再审作为特殊救济机制范围不能无度扩大，故扩大救济机制适用范围，主要是扩大诉中的独立救济机制适用范围。独立救济适用对象范围的许可和列举，使得诉讼过程中的独立救济成为诉讼权利的"稀缺性资源"。这与德国法、日本法为诉讼权利全面配置独立救济方式形成了鲜明对比。两国立法一般交替采取列举式和概括式规定，授权或排除诉讼权利的独立救济。列举式规定方面，即对侵损诉讼权利的法院职权行为——规定救济措施；概括式规定方面，是在总体上对某一个阶段受法院某种类型的职权行为侵损的诉讼权利，原则式规定可采取的独立救济措施。虽然我国立法没有排除对列举范围外诉讼权利的诉中救济，但如前文所述，在诉讼进行过程中，较为单一的列举式规定留下了较多的诉讼权利保障缺口，当事人也因此缺少采取诉中救济行动的信心。

扩大诉讼权利诉中救济范围可结合采取概括式和列举式立法规定。首先是列举式规定。并非所有可救济的诉讼权利都须采取列举式规定，事实上，这在立法上也无法实现。列举式一般适用于涉及当事人重大程序利益的诉讼权利。在我国民事诉讼制度转型完善的过程中，在诉讼主体程序公正意识不断提升的背景下，以刚性方式宣示某些诉讼权利可诉诸的救济，尤其是可诉诸独立的诉中救济，这是对当事人程序权利保障的直接支撑，也是对法院职权行为的直接制约。比如当事人的裁判请求权、申请回避权等诉讼权利，为了防止法院拒绝当事人的救济诉求，仍可以列举方式明确宣示，避免救济适用的模糊性。其次是概括式规定。列举式规定有较强的确定性，但却以牺牲救济范围的灵活性和适应性为代价。列举本身就是一种筛选，并不符合普遍救济原则的要求。为防止司法程序中的机械法治主义，对于一般性诉讼权利，立法可兼采概括式规定。概括式的规定以其开放性特点赋予当事人更多救济机会，可采取下述方式：一是在总则中规定，在民事诉讼法"总则"中对救济范围予以概括式规定，赋予当事人根据立法原则、目的、精神等进行扩展性救济之资格。二是专章单独规定，如前文所述，对于异议和复议可以独立章节的方式，明确其适用规则。三是在特定程序阶段规定，如在某个程序阶段，对于受法院行为影响的诉讼权利概括式规定救济；或者是对受法院某类行为侵损的诉讼权利，统一规定可提起救济的措施。比如，法律可以规定，对开庭审理阶段法院损及当事人诉讼权利的诉讼指挥行为，可一律采取异议方式提起救济。当然，为避免滥用救济，对救济范围也要进行适度限制。

二、救济范围限制的趋势

仅对诉讼权利救济做开放式、单向度的肯定，显然过于简单，把握不好可能走向诉讼权利保障的另一个极端，即可能带给当事人一种观感——所有受到法院程序性职权行为影响的诉讼权利，当事人均可自由地诉诸任何层次的救济。这又将诉讼权利的正常救济推向权利滥用的局面。加强诉讼权利的保障是一种必要，但脱离具体的程序环境和案件情况无度扩大救济范围，救济机制则有可能被作为操控、阻碍程序展开的工具，不利于诉讼效率的提升。正确处理救济范围和救济限制或排除的关系，是对诉讼权利保障和法院正常行使职权进行平衡的需要。从域外法制来看，设定诉讼权利的救济边界，适度限制，甚至于特定场合排除救济，是通行的做法。

救济范围限制或排除是规定受法院职权行为影响的诉讼权利不可声明不服，不可救济。当事人对受损诉讼权利提起救济对其他程序主体、程序运行本身等都会产生影响，因此，法律并非对任何受损的诉讼权利都配置救济，如德国、日本和法国等国家的民事诉讼制度都或多或少地排除了某些诉讼权利的救济。当然应该明确，程序正义的原则要求，诉讼权利的可救济是一般规定，救济排除只可针对某些特定情形。一般来说，救济排除要在权衡法院职权行使和当事人诉讼权利保护等因素的基础上，基于程序推进、法院管理等原因考量才做此种规定。德国、日本及法国民事诉讼法都对当事人诉讼权利进行一定的限制，但限制的理由和视角各有不同。

（一）以涉及法院程序管理为由限制救济

法院对诉讼程序的管理是民事诉讼制度发展的新动向。因为，民事诉讼并不仅是当事人"私人的事情"，民事诉讼"对社会公正的追求必然要求法院进行程序管理"。① 在现代社会里，由于诉讼案件不断增加，"民事司法制度不能满足社会需求"的问题已经成为很多国家和地区的共识，"进行民事司法管理的改革已成全球性趋势"②。世界两大法系已经开始普遍修正原民事程序所坚持的私人竞技主义，加强诉讼程序的管理已成为全球因应"民事司法危机"的重要措施。具体来说，就是强化法院对案件的管理和干预，以减少诉讼资源消耗和防止诉讼的拖延。此种情况下，法院职权行使空间范围有所扩大，当事人诉讼权利保障有所压缩。英国民事司法改革中的法院案件管理具有典型性，在"接近正义"之路上形成了独特的"管理型司法程序"。在沃尔夫勋爵发表《接近正义》诉讼改革报告中，要求强化通过案件管理以简化诉讼程序，减少当事人在诉讼中的申请。他们认为③，这种改革使民事诉讼程序所耗费的时间缩短且"更具确定性"，诉讼费用"更具可预测性"，使当事人在"更加平等的基础上"诉讼。诉讼及案件管理也体现在《英国民事诉讼规则》中，该规则在第3章专门规定了法院的案件管理权力，第26章规定了法院对案件初期管理的具体操作。在上述章节中，法律赋予了法院更多的权力行使空间以提升诉讼效率，如程序中止、诉讼合并分离权、期间控制权、争点管理权、成本控制权、证据主导权、书面审理权和技术运用权等④。在英国民事司法改革中，当事人的程序支配力有所削弱，法院在民事诉讼中的地位加强⑤。相应地，当事人程序权利保障以及救济有弱化倾向。基于司法管理的需要，日本和德国的民事诉讼法也直接规定，当事人对某些影响当事人诉讼权利的法院行为不得声明不服⑥，这些内容多集中在法院促进程序、加强

---

① 徐昕. 英国民事诉讼与民事司法改革 [M]. 北京：中国政法大学出版社，2002.
② [英] 阿德里安·A. S. 朱克曼. 危机中的民事司法 [M]. 傅郁林等译. 北京：中国政法大学出版社，2005.
③ 参见齐树洁. 英国民事司法改革 [M]. 北京：北京大学出版社，2004.
④ 齐树洁. 英国民事司法改革 [M]. 北京：北京大学出版社，2004：347.
⑤ 参见徐昕. 当事人权利与法官权力的均衡分配 [J]. 现代法学，2001 (4).
⑥ 但是，这并不排除简易救济方式的适用。

诉讼事务管理等方面。例如，德国立法①规定，对于驳回申请期间延长的裁定、期日的取消和延展的裁判、因过失未能遵守期间申请回复原状的法院裁定，以及法院将案件交由独任法官等职权行为，当事人不得以损及诉讼权利为由声明不服。日本民事诉讼法也有类似规定，如指定法院管辖、对回避有理由的裁定、证据保全裁定、基于反诉而进行的移送管辖裁定、依职权将小额程序转入普通审理的裁定等情形。当然，德国和日本法院对民事程序的管理都是在民事诉讼制度框架内进行，同时法律对其做了明显的标注规定，受法院法官自由裁量的干扰相对较少。

（二）以法院司法行政措施为由限制救济

法国学者认为，民事诉讼是一种"涉及公共秩序的行为"，其"既是法官的事情，也是当事人的事情"，所以，法院对"诉讼及其要素的掌控权大大加强"也可以理解。②法国排除救济的依据有别于其他国家和地区的民事司法制度。法国民事诉讼制度规定了大量、不可救济的司法行政行为。比如，《法国新民事诉讼法典》规定，向受移送的法院的上一级法院院长转移案件的移审决定是一项司法行政措施；第3条规定，"法官保障诉讼正常进展，有规定期限与命令各项必要措施的权力"，本条判例解释2也直接确定法官是否决定"案件延期审理的请求"，不应受到责备，因为是否决定延期审理是法院的司法行政措施③；其他如法院命令另期开庭、命令重开辩论、诉之合并与分离、撤销案件等法院职权行为，均被定性为

---

① 1999年修改的《德国民事诉讼法》第157条规定，禁止欠缺辩论能力当事人继续陈述的行为，不得声明不服；第174条规定，对当事人及其代理人不住在受诉法院辖区所在地、也不住在受诉法院所在地初级法院辖区所在地，可依据申请命令当事人提供文书送达代收人的行为，不可声明不服。但在此后修改过程中删去了此两项规定，有限缩法院以程序管理为由排除当事人救济的趋势。参见德国民事诉讼法［M］. 谢怀栻译. 北京：中国法制出版社，2001；同时参见德国民事诉讼法［M］. 丁启明译. 厦门：厦门大学出版社，2016.

② ［法］洛伊克·卡迪耶. 法国民事司法法［M］. 杨艺宁译. 北京：中国政法大学出版社，2010：389.

③ 参见《法国新民事诉讼法典》第358条及其相关判例解释。

司法行政行为的事项，而一般交由法院裁量。一般认为，法国对司法行政措施的界定范围过于宽泛，不太利于当事人程序权利的保障。当然，法国也不是无度扩大司法行政措施范围，为防止法院利用司法行政措施过度排除当事人诉讼权利的救济，法国民事诉讼法也明确了某些行为不属司法行政措施，允许当事人提起救济，具有较强的可预测性。

三、救济范围限制的本土向度

救济范围的限制要充分考虑到当前救济制度框架内救济覆盖面偏小的实际，但即便如此，基于诉讼促进、审判管理等因素的考虑，完善的救济机制也要有明确排除或限制救济的规定①，以适度约束、合理规定救济措施适用的范围。在我国，救济范围的限制需要考虑下列因素：

（一）诉讼权利救济范围限制的基准

在民事诉讼案件数量高位运行的情况下，出于节约个案中私人成本和减少司法资源消耗等原因，确定适度的、可救济的诉讼权利范围是必要的。当事人如能无任何限制地声明不服，那么法院可能在实体裁判之前疲于应付诉讼权利之救济，诉讼将陷入程序保障的"泥淖"。过度救济将导致程序冗长，实体结果"遥遥无期"，这对当事人来说也得不偿失。适度限制诉讼权利救济范围，要结合下述因素综合考量：

首先，法院行为性质的因素。（1）审判管理行为。管理就是"通过计划、组织、领导和控制组织资源，以有效益和高效率的方式实现组织目标的过程"。"管理普遍存在"，是利用组织资源去实现目标，并使各类营利性或非营利性组织达到较高的绩效水平。② 为集中国家的司法资源，减

---

① 小额诉讼程序规定了判决一经做出立即生效的规定，同时排除了对不予受理裁定、驳回起诉裁定上诉的可能。

② ［美］理查德·L.达夫特，多萝西·马西克.管理学原理［M］.商增安等译.北京：机械工业出版社，2005：4.

低审判成本，提升审判品质，法院需要加强审判业务的管理。2011 年最高人民法院发布了《关于加强人民法院审判管理工作的若干意见》，提出法院要开展包括审判流程在内的审判管理，要运用评价以及制约等方法，对审判过程进行严格规范，对审判质效进行科学考评。2014 年发布了《关于新时期进一步加强人民法院审判管理工作的若干意见》提出要通过审判管理更加有效地促进审判工作的质量和效率。法院本身是一个复杂的审判组织，组织效益的实现不是某个具体合议庭、具体案件的事情。高质高效地化解民事纠纷，需要法院协调安排实现审判目标的人力、物力和财力等司法资源。审判管理虽对个案产生影响，但主要是基于审判绩效整体提升的目的，着眼于审判资源配置的整体需要。所以，对法院组织司法资源的行为，即使影响到诉讼权利，其救济也要受到适度限制。这些审判管理行为，如法院要求当事人参与案件调解、确定案件立案日期、必要的移送管辖和指令管辖、案件的排期开庭、不存在回避事由的合议庭组成等事项，均可作为审判管理的职权事项适度限制当事人的救济。（2）诉讼指挥行为。为防止将程序委诸当事人主宰而造成诉讼迟滞①，顺利推进程序，有必要赋予法院程序指挥权。这是一种"为谋求诉讼审理的迅速、公平"而委诸法院的"程序主宰权"，指挥权"决定着具体案件解决结果之优劣"，"左右着诉讼制度的整体效用"，对于整个审理过程"不可或缺"，法院可以符合"具体案情的方法来推进并整理审理程序"。② 此类行为包括法院变更、延期或减少审理期限，指挥庭审进行等，如我国台湾地区"民事诉讼法"第 483 条规定，对于"诉讼程序进行中所为之裁定，除别有规定外，不得抗告"。③

其次，案件性质的因素。"民事事件类型之个性，特征不一，应依据

---

① 民事诉讼法研究基金会．民事诉讼法之研讨（七）[M]．台北：三民书局，1996：352.
② [日]新堂幸司．新民事诉讼法 [M]．林剑锋译．北京：法律出版社，2005：290.
③ 陈荣宗，林庆苗．民事诉讼法 [M]．台北：三民书局，1996：779.

事件类型需求之不同，分别采择其所适宜之程序保障内容，循此承认多样化之程序保障方式。"① 如张卫平教授认为，审级救济之设置应着眼于多重因素的平衡，考虑"被救济权利的大小与救济手段成本的协调"②。诉讼权利救济与实体权利救济一样，要考虑到案件性质。不同性质的案件对当事人和社会的影响不同，对制度发展本身的价值也不同。一般来说，只具个案影响、相对孤立的案件以及标的额较小的案件，其程序运行的影响范围较窄，振幅较小；某些新型案件、实体纠纷影响较大的案件，其程序运行所产生的影响也大，程序上的瑕疵更受人关注。那么相对而言，对后一类案件中的诉讼权利就要进行强度较大的救济和保障。简易程序案件、小额程序案件等，则可限制诉讼权利救济强度，在总体上减少救济供给的数量，降低救济供给的层次，如只提供普通方式的救济，排除特殊救济。

（二）诉讼权利救济范围限制的再限制

无论在何种情况下，对受法院职权行为影响的诉讼权利不予救济，"是为例外"，能够采取措施救济，"是为原则"③。不能过度强调诉讼促进、排除诉讼权利的救济。单方面"加速程序"，将"反过来限制程序保障的程度"，甚至可能出现"削减程序保障的危险"④。在案件量递增趋势下，职权的行使容易走向"实用、方便"等方向，甚至可能忽略"最基本的个人权利保障"和程序"正义准则"⑤。民事诉讼效率的保持，不能单方面的、完全通过压缩诉讼权利的保障力度和广度来实现，而需要法院和当事人的"双重"克制。因此，诉讼权利救济范围的限制是在一定限度内和一定条件下的限制。

首先，遵循合法的原则。效率是审判管理的目标之一，但效率仍为正

---

① 邱联恭. 程序选择权论 [M]. 台北：三民书局，2004：8.
② 张卫平. 民事诉讼法律审研究 [J]. 民事程序法研究，2006 (2).
③ 王甲乙等. 民事诉讼法新论 [M]. 上海：广益书局印行，1983：64.
④ 赵秀举. 德国民事诉讼法学文萃 [M]. 北京：中国政法大学出版社，2005.
⑤ 陈瑞华. 程序性制裁理论 [M]. 北京：中国法制出版社，2010：33.

当程序下的效率，效率非诉讼的"全能指挥棒"，不能覆盖一切。因此，不可以程序管理、效率提升来任意操控程序。特别地，不能借程序促进的名义来削弱当事人诉讼权利保障。实务人士也认为，司法实践中，法院在诉讼各个阶段都可能存在不合法律规定、侵损当事人诉讼权利的行为；在审判管理上，"偏重法官办案的规范化"，保障当事人诉权、防止法官侵害诉权的措施无完整的、系统的规定。① 对此，诉讼权利的救济限制和法院的审判管理要减少依据政策调控、由法官自由裁量的成分，减少法院审判管理的主观因素，提高其制度化程度。具体说，就是要健全法院审判管理的制度设计，在法律框架内推进审判管理，将法院的管理指标制度化，增强程序管理的可预测性和精确性。对于纯属法院内部管理的行为、排除救济的事项要采取列举性规则规定，如案件排期、庭审地点确定、案件直播与否决定等事项，防止其过度侵蚀诉讼权利的救济空间。

其次，最低限度救济规则。除了某些特定的、以全项列举方式确定的绝对不可救济事项外，即使是管理型司法，对诉讼权利救济也一般是进行限制，而不是排除全部的救济。最高人民法院的相关文件也明确，审判管理要严格遵循程序法，"充分尊重司法审判规律"，维护当事人诉讼权利，避免在诉讼程序之外增加影响当事人权利的程序步骤②。这种限制表现为：严格救济条件、限制救济选择权、降低救济层次等，但是，保留诉讼权利的最低限度救济，是促使法院尊重当事人程序主体地位的必要。其中，主要手段是以异议的普遍性适用来化解管理型司法和诉讼权利保障的"紧张"关系，保持诉讼促进和诉讼权利救济的"兼容"。我国台湾地区"民

---

① 马艾地. 保障诉讼权利维护司法公正 [N]. 人民日报，2001-8-29 (11).
② 参见 2014 年发布的《关于新时期进一步加强人民法院审判管理工作的若干意见》，该文件还明确要求，审判管理必须促进提高审判活动的效率，保障当事人及时知悉案件审理流程，切实保障当事人的诉讼参与权和知情权，同时要将卷宗移送、评估拍卖、鉴定审计、公告送达、专家证人等诉讼服务的管理，纳入审判管理工作范畴。

事诉讼法"及学界①均认为，不可抗告救济的诉讼权利，可以向原审提起异议救济。其第 197 条规定，"当事人对诉讼程序规定之违背，得提出异议"，包括对合议庭审判长的指挥辩论行为、禁止发言行为等均可异议。质言之，限制当事人诉讼权利的救济、压缩救济供给层次必须以保持最低限度救济为前提。在此，程式简单的异议可以充当起最低限度救济的保障制度，只是，这种异议仅限于本院、本审级内提出，以此调和审判管理和救济之间的冲突。

第三节　诉讼权利救济机制的功能分流

诉讼权利救济机制的功能分流是对诸救济方式功能进行区别化的设置，旨在明确各具体救济方式的价值目标，并在价值目标的指引下确定符合自身特点的功能定位，防止诸救济方式功能的重叠和交叉，防止各救济方式的水平式或平面化之存在。功能分流是当事人诉讼权利无缝保障之需要，亦是构筑诉讼权利多元、多层次"安全网络"的需要。

一、功能分流总述

救济方式功能的趋同性减损了当事人的救济选择权，降低了救济机制运行的整体价值。差异化定位诸救济方式，促进其各司其位、相互补充，避免其同质化地集中于一个阶段或一个平面发挥作用，以构建起层级化、立体化的救济体系。总体上，各救济方式功能分流不但要注重功能差异化定位，还要理顺各救济方式的价值取向，遵循救济重心下移的原则，即由特殊救济向普通救济下移，由复杂救济向简易救济下移。

---

① 民事诉讼法研究基金会. 民事诉讼法之研讨（七）[M]. 台北：三民书局，1996：357.

（一）异议和复议以效率优先

异议和复议属独立救济体系，两者功能定位要考虑到其与附带救济的协调互补关系，也要考虑两者适用的对象特点和当事人的救济需求。如果说附带救济以繁复的程式为特点，那么，独立救济则应追求程序的"简式"，效率的"简速"。因为，为避免案件"实体利益被程序过程'浪费''牺牲'"，必须认可当事人"有优先追求简速裁判之机会"①，不能逼迫当事人只能选择复杂冗长的上诉甚至再审作为救济保障。同时，诉讼程序是当事人与法院耗费时间、劳费所为的"先行行为累积而成"，前阶段已经发生的"程序不利益"，往往难以凭后阶段审理复原和补救，故防止不利益于未然"实属至关紧要"，而"不宜过度依赖事后的审级救济"②。以此考虑，异议与复议的制度设计可在程序正义原则的框架内，遵从效率优先的目标。事实上，诉讼过程中的可异议、复议事项较多，为两者设置复杂烦琐的操作规则，这对法院与当事人来说，都是不切实际的。为了最大限度地降低独立救济带给程序展开的不利影响，简洁化处理异议和复议救济的操作程式更为妥适。

当然，对异议和复议的效率评价应立足于诉讼整体效率的考察。因为，诉讼是一个历时性过程，判决是基于当事人诉讼权利、连续行使诉讼行为的结果，不能孤立地看待某一项诉讼权利维护的成本支出。单次的独立救济可能导致诉讼暂停，表面上看似乎不太经济；但从诉讼整个过程来看，某一次程序的停顿并不必然意味着对效率目标的背离。波斯纳对此有一个看似"两难"、实则客观的分析。他说，过多上诉可能打破法院在诉讼期间所宣告的决议，诉讼可能迟延，如将上诉推延至案件结束，就可阻止不必要的上诉，支出的时间代价更少。但同时，他又认为，诉讼成本可

---

① 邱联恭. 司法之现代化与程序法 [M]. 台北：三民书局，1992：270.
② 邱联恭. 程序利益保护论 [M]. 台北：三民书局，2005：78.

以使包括错误司法判决与诉讼制度运行在内的两种成本之和最小化。如司法判决错误成本很小，司法总成本也会减少。① 陈荣宗教授认为，诉讼程序仅有判决程序无法进行，在判决程序之外，"另有许多配合性的措施程序，用以解决因判决程序所繁生之相关事项"，法院对此附带繁生事项必须做适当处理。② 这种"附带繁生事项"的处理多为涉及当事人诉讼权利处置事项，与当事人程序利益密切相关，"若不设抗告程序，将全部不服裁定集中于上诉程序一并解决，必然造成因程序错综复杂而程序延滞"。③ 由此观之，诉中救济是减少司法判决错误的必要支出。单个司法会计账目下，孤立的某次救济事件可能导致程序运行成本的增加，但因此得以从更大程度上保证诉讼过程的公正和结果的精准，将降低当事人的上诉率，整体上可减少案件成本的总支出。

但不能否认的是，诉讼总成本由诸多具体诉讼事项的支出构成。事实上，独立救济的启动频率也远高于实体判决救济。而且，法院和当事人都负有诉讼促进义务，都须致力于程序更有效率、更加迅速地运作④，故不能放任异议及复议的适用。当事人也不能借口诉讼权利救济，故意阻碍程序正常进行。为防止诉中的独立救济演变为当事人拖延程序展开的工具，异议和复议的启动、审查和答复等程序设计要遵循效率原则，如有简洁明了的程序，有较短的法院受理及裁决时间等。立法也可规定，除某些需即时处理或法院能即时处理的事项外，复议和异议不停止原程序的进行。法律也可对不合效率、明显无理由的救济申请进行适当限制，甚至做出失权规定。

---

①　[美] 理查德·A. 波斯纳. 法律的经济分析 [M]. 蒋兆康译. 北京：中国大百科全书出版社，1997：717，726，727.

②　陈荣宗，林庆苗. 民事诉讼法 [M]. 台北：三民书局，1996：772-773.

③　陈荣宗，林庆苗. 民事诉讼法 [M]. 台北：三民书局，1996：773.

④　民事诉讼法研究基金会. 民事诉讼法研讨（三）[M]. 台北：三民书局，1990：520.

（二）上诉和再审以安全优先

安全性是评价个人利益实现状况的一个重要指标。① 诸救济方式除在程序繁简设置上有所取舍以外，为满足当事人权利救济需求，诸救济方式的功能分流还须关注诉讼权利保障的纵深，使诉讼权利不但有低成本的高效救济选择，还有在效率被满足后的安全感。上诉和再审的价值目标侧重于诉讼权利保障的安全性，进一步提高诉讼权利保障的安全系数。且上诉和再审一般作为诉讼权利附带性的再救济方式存在，与独立救济体系形成功能互补。

再救济之存在使诉讼权利能获得多层级的保障，增进了诉讼权利的安全性。因此，发挥上诉和再审的再救济功能对诉讼权利保障具有重要意义。虽然复议作为再救济方式也包含了安全价值，但在审理方式和关注重心上，复议与上诉、再审存在较大的区别。一方面，适用上诉和再审对包括诉讼权利在内的权利提供救济，一般以言辞复审为原则；而复议的审查一般是简易化处理，言辞复审是一种例外。另一方面，复议单纯地为诉讼权利进一步提供安全保障，而上诉和再审作为诉讼权利的附带性再救济方式，在很大程度上，其为诉讼权利提供的安全保障依附于实体权利而存在，甚至在实体安全获得保障后，当事人可能因此舍弃对诉讼权利的安全关注。也就是说，与异议和复议所构成的诉讼权利独立救济体系相比较，由上诉和再审构成的诉讼权利附带救济体系或者说终局救济体系，更注重实体利益维护。

首先，附带救济对诉讼权利的安全保障原则上要服从实体权利保护的目标。大陆法系国家或地区立法重视附带救济体系对诉讼权利的保护，但其立法和理论都承认，诉讼权利的救济并非能绝对地脱离实体利益保障的考量。如我国台湾地区的相关理论均认为，实体上无法上诉的第三审法院

---

① 莫纪宏. 实践中的宪法学原理［M］. 北京：中国人民大学出版社，2007：479.

侵损诉讼权利的裁定、实体上不允许再上诉的第二审法院裁定等，不许可以诉讼权利侵损为由对裁定提起上诉。上诉作为诉讼权利的附带救济方式，一般要求以当事人有实体利益主张为前提。通常情况下，立法应该摒弃那些无实体利益主张，或者实体利益主张微不足道的诉讼权利救济请求，鼓励上述诉讼权利通过异议和复议进行救济。同样地，在目前条件下，再审制度在重视诉讼权利安全保障的同时，也不能忽视实体利益的维护。换言之，再审事由应该是程序利益和实体利益维护并重，程序违法是再审救济的一个方面，但是，再审事由不能简单的"程序化"和纯粹的"程序化"。现行再审事由的"程序化"设计借鉴了大陆法系国家的规定，但显然较为简单化和理想化。一是可能背离当事人救济本意。立法将当事人申请再审的终极目标定性为保护"程序性权利"，这可能高估了当事人追求程序正义的决心。实践中，如实体公正可得到保证，当事人一般不会"费力劳心"地启动一个程序复杂的顶层救济，去单纯地寻求程序利益。简单地说，即便当事人申请再审，诉讼权利也不过是当事人敲开再审之门、进一步维护实体利益的工具而已；程序利益救济的背后，很大可能隐藏着当事人追求实体利益的目的。二是背离再审原意。再审事由"程序化"的导向，一般要求建立在高品质的事实审基础上，建立在下级审能够高质量、清晰地查明实体事实的假设上。也即，只有当下级法院的实体审、事实审足以让上级审放心、足以受到上级审或再审法院的尊重，才存在再审事由"程序化"之前提。如果下级审无法保证实体审的质量，而顶层救济不顾事实，完全以程序事由来阻碍当事人对实体的再审纠错，这显然不太合理。所以，在下级审的实体审质量无法让当事人放心的前提下，纯粹以诉讼权利保障为导向规定再审启动事由，可能脱离当事人的真实需求。但须注意，在目前情况下，强调再审对实体利益的重视，不是说要将所有的诉讼权利排除在再审事由之外，这也是不现实的。显然，如果诉讼权利受损事实也连带严重影响当事人实体利益的保障，如侵犯当事人受通知权，不当缺席判决等，毫无疑问，应允许当事人提起再审。

其次，为了某些特定利益的安全，原审终结后，上诉和再审也可单独对诉讼权利提供救济。此种情况下，终局救济虽然是单独为诉讼权利提供救济，但与异议和复议分属不同的救济体系。异议和复议一定发生在原审诉讼过程中，而上诉和再审为诉讼权利提供单独的救济，一定是原审程序结束后的救济，也即终局救济。上诉和再审为诉讼权利单独提供救济，其范围不宜过宽，否则就违背了上诉和再审作为诉讼权利附带救济的功能定位。可以单独适用终局救济方式保障的诉讼权利一般包括下述情形：一是诉讼权利的侵损严重损及实体利益保障，如基本证据权利被剥夺；二是诉讼权利的侵损涉及当事人的重大程序利益，如原审送达通知程序不合法，导致当事人的审级利益被剥夺、实体利益受到重大影响；三是诉讼权利的侵损涉及强行法之规定，如合议庭组成不合法、违背法院组织法之规定的情形。一般地，除上述事项外，当事人诉讼权利不得脱离实体主张进入附带或终局救济，单独寻求终局救济。

二、功能分流分述

（一）异议的功能定位

异议是诉讼权利救济"金字塔"的"塔基"，是当事人对侵损诉讼权利的法院职权行为表达不满的简易救济方式，也是诉讼权利最低限度、不可克减的保障。拓宽异议范围，推动异议在本审级内的普遍性适用，是诉讼权利救济机制完善的重要方面。日本学者认为，审理过程是一项当事人与法院的共同活动，法院虽然被赋予程序主宰、谋求迅速推进程序的地位，但法律也必须赋予当事人对法院的程序主宰行为提起异议之权能，以互相牵制和合作。[①] 为了促进程序，提高司法效率，德国和日本民事诉讼法都提高了异议的适用面和适用率。在我国，异议对构建当事人诉讼权利的独立救济体系、扩大救济方式的可选择性、丰富救济层次，具有不可替代的价值。

首先，异议是原审救济方式。原审救济与审级救济对应，审级救济是法院就未确定之裁判，对当事人所提供的救济方法，审级救济的特质原则上具有阻断原裁判确定的效力及移审的效力。[②] 原审救济是在原行为发生的程序内提起的救济。具体而言，异议是原审尚未结束，于诉讼过程中提起的救济，属于诉中救济方式之一。异议具有操作的简易性、成本的低廉性、较强的时效性等特点。异议使当事人得以"利用同一诉讼程序彻底解决纷争"，"减轻劳费负担"[③]；同时也符合民事诉讼的"强烈的程序安定之要求"[④]，即快速去除程序瑕疵，稳定程序。其次，异议是最低限度的初次救济方式。能够进入上层级救济的诉讼权利，一般应先经过异议救济，即异议是诉讼权利向上寻求救济的前置性条件。同时，因异议是最低限度的救济，即使是不可申请上层级救济的诉讼权利，也应许可异议。相对于其他救济方式而言，异议适用面是最宽的。最后，异议是简易救济方式。在当事人诉讼权利救济体系中，异议作为最简易的救济，其并不追求、也不需要形式上的"完美主义"。异议可即时提起，法院可即时处理，操作程序宜简便、迅捷。当然，这并非说法院可出于自己的理解任意处理异议。出于法的安定性之要求以及异议作为主导的独立救济方式的定位，异议的规范性立法必不可少。毕竟，作为独立救济体系中的主要救济层级之一，异议承载着当事人广泛保护诉讼权利的期待，蕴含着我国民事

---

① ［日］新堂幸司. 新民事诉讼法［M］. 林剑锋译. 北京：法律出版社，2008：289.
② 翁岳生. 行政法（下）［M］. 北京：中国法制出版社，2009：1539.
③ 邱联恭. 程序利益保护论［M］. 台北：三民书局，2005：10-15.
④ ［日］新堂幸司. 新民事诉讼法［M］. 林剑锋译. 北京：法律出版社，2008：38.

司法从重实体、重结果的救济向尊重程序、关注诉中救济的价值理念转变。

（二）复议的功能定位

复议作为当事人诉讼权利的救济方式，是指在诉讼过程中，当事人对法院程序性事项所作的裁判不服，依法向有关法院声明不服的一种救济制度。[①] 与其他国家或地区的民事诉讼制度不同，在诉讼权利救济领域，复议在我国民事诉讼程序中扮演了一个特殊而重要的角色。在不少场合，现行法规定了可复议的诉讼权利。虽然学界开始认识到复议在民事诉讼法中的地位，并从不同视角对复议进行了分析和解读，但对复议的法律地位、功能定位等问题的认识还未统一。在建立诉讼权利独立救济体系的前提下，可对复议的功能定位做如下理解：

首先，复议是异议基础上的救济。现行法律对复议和异议的功能区分较为模糊。理论上，复议与异议的区分有三种观点：一是异议事项的复议化，即将现行立法中原归属于法定异议的事项一律归入复议救济范畴，同时对立法中没有配置救济的诉讼权利，一律交由复议主导救济。[②] 二是复议事项的异议化。持此种观点的学者相对较多，即指将现行立法中归属于法定复议的事项并入异议救济范畴，同时对立法中没有配置救济的诉讼权利，一律交由异议主导救济。三是异议的扩大化。此种观点将当事人对法院程序性裁决的声明不服，主张在初次救济层面全部划归异议救济范畴，包括以上诉救济提供独立救济的程序性事项，如不予受理、驳回起诉的声明不服等，也由异议救济覆盖。[③] 扩大异议适用是各国立法发展趋势，从丰富独立救济的层次角度而言，也宜将复议作为异议基础上的再救济方

[①] 廖永安，雷勇．论我国民事诉讼复议制度的改革与完善 [J]．法律科学，2008（3）．

[②] 栾林林．论民事诉讼中的复议制度 [D]．吉林大学，2010；蒋晓亮．民事诉讼复议制度研究 [D]．西南政法大学，2008．

[③] 张卫平．论民事诉讼法中的异议制度 [J]．清华法学，2007（1）．

式，故第三种观点更为妥适。具体来说，异议作为复议的前置性救济而存在，复议不再承担初次救济功能；在异议基础上，当事人可再寻求复议救济。

其次，复议是移审救济。现行救济体系中的复议制度并不统一，如前文述及，复议有时在原程序中向原审提起，有时向上一级法院提起。为明晰复议和异议的功能区域，宜将复议定性为诉讼权利的移审救济。即如果当事人对异议救济不服，当事人可向原行为法院的上一级法院申请复议，属于提级审查。复议和上诉均属移审救济，有某些形式方面的相似，但实际差异很大：一是救济对象不同，复议是诉讼权利的专门性救济方式；而上诉救济对象包括了诉讼权利和实体权利。二是救济时间不同，复议一定是原审程序进行过程中的救济，属于诉中救济，如果原审程序已经结束，则复议无法进行；而启动上诉一般是原审结束后、判决尚未生效时的救济，即原审程序终结后的救济。复议的移审救济定位丰富了独立救济体系的层次，当事人得以在独立救济体系内两次获得不同主体的救济，对诉讼权利独立救济体系的建构非常重要。同时，作为移审救济的复议也契合了回避原则，是对当事人质疑原审法院"自我纠错"能力的一个回应，可在一定程度上消除当事人对异议救济的疑虑。

最后，复议是再救济方式。复议的价值在于为初次救济遭受不利裁决的当事人提供再救济，纠正初次救济的错误，进一步增加法院裁决的正当性。囿于法官认知能力和案件复杂性等因素，难免其在初次救济中做出错误裁断的可能。复议可纠正异议救济的错误裁断，客观上进一步增加了法院裁断的正确性；同时，复议使当事人在独立救济体系中获得向不同层级的法院陈述、申辩之机会，满足了当事人对诉讼权利救济的心理需求。质言之，由不同法院施加不同的、更高层级的救济，是向程序公平和程序正义的进一步接近。

（三）上诉作为诉讼权利救济方式的功能定位

上诉增加了直接成本，但可避免错误成本。程序错误将严重影响当事人对结果的信任和判断，上诉有助于当事人从"心理和行动上"放下这种判断。①

首先，上诉是附带救济方式。诉讼权利救济体系中，上诉是诉讼权利的附带救济方式，也是终局救济方式。为保持救济系统诸要素结构的合理化，立法应剥离上诉对不予受理、驳回起诉及管辖异议裁定的诉中救济功能，将原立法中诉讼权利的诉中独立救济事项一律交由异议和复议处理。也即，上诉一般只在原诉讼程序结束后，附带救济诉讼权利。其次，一般以实体利益作为上诉的前置性条件。在我国立法中，上诉作为附带救济方式的一个疏漏，就是我国法律并没有规定，如果未就本案实体上诉，那么在原一审程序终结后，当事人能否单独就诉讼权利提起上诉救济的问题。对于这个问题的回答，直接影响到上诉的功能定位，也直接影响到当事人诉讼权利的救济范围及救济层次。为"防止出现上诉法院尽管不能对本案审理、却必须对附属裁判进行处理"②的矛盾情况，很多国家和地区的法律都否定原审结束后就诉讼权利独立上诉的可能。德国法认为，此种上诉只能被定性为一种"反对意见"③。我国现行法采取无因上诉制度，上诉无须诉因审查。理论上，即使无实体利益，当事人诉讼权利也可以作为一种程序利益，启动上诉救济。所以，立法必须澄清此问题，在上诉定位为诉讼权利附带救济方式的情况下，无实体利益救济需求，一般不得允许当事人上诉。最后，例外情况下，上诉可以终局救济方式，独立的为某些特定诉讼权利提供单独救济，如原审程序出现包括合议庭没有依法处理、未

① ［美］迈克尔·D.贝勒斯.法律的原则——一个规范的分析［M］.张文显等译.北京：中国大百科全书出版社，1996：78-79.
② ［德］罗森贝克等.德国民事诉讼法［M］.李大雪译.北京：中国法制出版社，2007：417.
③ ［德］罗森贝克等.德国民事诉讼法［M］.李大雪译.北京：中国法制出版社，2007：1125.

经通知缺席判决、未经开庭作出判决等重大程序瑕疵。但如前文所述，此种终局救济中的单独救济，不同于诉讼权利的独立救济方式。

（四）再审作为诉讼权利救济方式的功能定位

对诉讼权利而言，再审是最高层次、最高强度的安全保障方式。与普通救济方式相比较，再审定位必须更加超脱——只在特定的条件下被例外地适用。故要关闭再审的初次救济功能，严格地将其定位为再救济方式；要关闭其对一般性诉讼权利、微不足道的利益之适用可能，只着眼于重大程序利益的救济。

首先，再审救济是特殊救济方式。再审永远不能成为诉讼权利的主流适用方式，也不能成为诉讼权利救济的重心，再审地位、适用范围超越普通救济就是本末倒置。同时，再审并非普通救济的自然过渡，也非诉讼权利救济的必经程序。只有在普通救济方式用尽或无法适用且有进一步保障需要的特定情况下，才准予选择再审。其次，再审启动标准的双重化设置。各国立法对各救济方式功能定位的一般原则，即层次越高的救济方式，其服务公共目的的功能越强。① 普通救济方式启动标准可比较单一，立足于当事人程序或实体私益的保护标准；但再审作为特殊救济方式，其不但应为个人私益把关，也应加入公益的考量基准。只有提高再审标准，才能切实保障再审作为特殊定位之可能。公益标准上，如诉讼权利救济有超越个案的价值，即"有法律统一解释""发展法律""具有原则性意义"等。同时，再审的私益标准也要高于普通救济的标准，如存在当事人程序利益的"严重"受损、法院行为的"重大"瑕疵等情况。

但如前文所述，必须要认识到，再审功能定位的实现有赖于普通救济方式的功能发挥。普通救济方式功能的式微，必定加重特殊救济的负荷。再审的严格适用，需要自身功能设计的改变，也需要功能稳定、覆盖全面

---

① 黄娟. 当事人民事诉讼权利研究［M］. 北京：北京大学出版社，2009：161.

的普通救济作为依托。健全普通救济方式的功能，才是诉讼权利救济机制完善的精义所在。现行立法不宜孤立地推进再审制度的完善，而是要在扩展和发挥普通救济功能的基础上，推进诉中救济的覆盖面，消除再审通道"拥堵"的状况。

第四节　诉讼权利救济机制的程序建设

众所周知，精密司法已经成为现今各国司法改革的重要方向。司法的"精密"程度"体现在司法结构的合理、均衡上"，"蕴含在衔接紧凑、和谐无缝的司法程序中"[①]。为了"人类的权利"，贝卡里亚提出了"几何的精确度"[②] 司法理念。民事司法虽然不似刑事司法涉及人身、自由或生命，但私权的保障度也反映着人作为主体的自由度。救济机制程序规范的理性化建构对诉讼权利的保障具有重要价值，也是精密司法的基本内容。"程序上的一个缺陷即可导致整个诉讼失败"，程序的缺失是"吞蚀当事人的陷阱"。[③] 救济机制的程序规则应该是一种有系统的制度框架、可以预期的行为准则。这要求立法根据各救济方式的功能定位，以发挥救济系统的整体功效为目标，对各救济方式的程序规则进行清晰和稳定的安排。

一、作为原审救济的异议的程序完善

异议是利用原程序"就地救济"，以尽可能地减少移审救济的成本支出。相对于其他救济方式，异议并不追求繁杂的程序规则，因为这并不符

---

① 傅达林. 有"精密司法"才有司法公正 [N]. 广州日报，2008-01-06.
② [意] 贝卡里亚. 论犯罪与刑罚 [M]. 黄风译. 北京：法制出版社，2002：8.
③ [法] 洛伊克·卡迪耶. 法国民事司法法 [M]. 杨艺宁译. 北京：中国政法大学出版社，2010：16-17.

合其作为简速救济方式的定位。相反，异议是最低限度的救济，基于可能高频率适用的客观情况，其程序建构应以精要、简便为核心。

（一）异议适用对象范围

异议具有很强的时效性。诉讼之前阶段已经导致的程序不利益，往往很难依据程序后阶段之审理活动予以复原、补救，故要贯彻及时救济原则。[①] 对诉讼过程中的瑕疵，虽然各国法律都允许事后以上诉、抗告或再审方式救济，但如此会导致程序反复，成本相对较高，异议适用范围的扩大化就成了一种立法趋势。异议对象是初次遭受法院程序性职权行为侵损的诉讼权利。从形式上看，程序性职权行为包括了法院的裁定、决定、命令及通知等形式，可以是审判人员的行为，也可以是以法院名义行使职权的司法辅助人员的行为。从时间角度而言，异议适用于初次受损的诉讼权利。也即异议与程序级别无关，异议对象可发生在一审程序中，也可发生在二审程序中；异议也与法院级别无关，包括基层法院在内的各层级法院受理的案件中，只要发生诉讼权利初次受损事实，当事人均可适用异议救济。当然，必须明确的是，如诉讼权利受损事实发生在二审程序中，或者发生在最高法院受理的诉讼程序中，因不可再上诉，此时，异议就是当事人唯一可适用的普通救济方式。在立法体例上，法律宜以概括性方式规定异议范围；对于不可异议的特定事项，法律可采取列举方式明确排除。

（二）异议的程式要件

一是异议时间。时间是程序的重要元素。启动、受理和裁决异议事项都应有时限规定。根据侵损诉讼权利发生的阶段不同，可对异议的启动时间做二分法规定：审前程序中的异议，以 5 日内提起为宜，以当事人接到法院有关程序性裁决文件，或知晓诉讼权利受到影响的时间作为起算日。由于审前异议所涉事项并不发生在庭审中，且法院送达裁决文书、当事人

---

① 民事诉讼法研究基金会．民事诉讼法之研讨（十二）［M］．台北：三民书局，2004：48.

发现异议事项都需要一定时间，故以 5 日为期限比较合理。庭审中的异议，如对庭审辩论权、陈述权、举证权等权利的救济，立法应鼓励即时异议，便于法院及时纠正错误。当然，一些难以当庭决定是否异议的事项，可推延至法庭合议前提起。庭审中的可异议事项，如当事人没有即时异议，一般可视为当事人放弃异议。二是异议形式。异议可口头提出，也可书面提出，具体形式可依据诉讼权利性质、发生的程序阶段做具体规定。一般地，简易程序、小额程序案件中的异议可采取口头形式提出。但即便是口头异议，异议相关事项也要完整记入法庭笔录。书面异议可适用于特定诉讼权利的救济，如当事人接受裁判请求权的异议，即可要求书面提出异议；审前程序中有关事项的异议，由于当事人有充分的时间准备，也可要求以书面形式提出。此外，特定情况下，还可采取口头和书面相结合的形式提出异议，如庭审过程中的一些重要事项异议，可允许当事人先口头提出异议，事后再补足书面材料。书面异议一般要求载明异议具体事项、异议请求，附上相关事实和理由等，便于法院及时、有针对性地处理。三是异议效力。异议效力是指异议对原法院行为的影响力。由于异议是在原审程序中的一种简易救济，当事人甚至可口头提起，法院可口头裁决，且无须言辞辩论。故一般情况下，法律不宜赋予异议阻断原法院行为的效力。特殊情况下，如不立即停止原行为效力将对程序产生无法逆转的影响的，可以赋予异议阻断原法院行为的效力。

（三）异议受理及裁决

一是异议受理主体。异议救济属于原审法院的自我审查和自我纠错，异议受理法院和原行为法院重叠。具体来说，异议由原审判组织实施救济比较适宜。这一方面是因可异议事项较多，由原审判组织实施救济可避免频繁更换施救主体而导致审判迟延，以致无法达到异议作为原审救济所追求的效率目标；另一方面原审判组织作为施救主体固然不能贯彻回避原则，但即使在原审法院中更换救济主体，因其仍然没有脱离原法院，同样不能充分打消当事人对没有回避的担心。且如果当事人对异议裁决不服，事后还能循复议的入口采取移审救济，此亦可弥补异议不可移审之缺憾。因此，由对案情更为熟悉的原审判组织实施救济比较妥适。二是异议审查与裁决。法院应及时审查异议主张，对庭审过程中的异议，法院应即时审查、即时回复，如即时审查、回复有困难，也应在合议庭评议前做出；审前程序中的异议审查时间可稍延长，以不超过 5 日为宜。对于异议，法院在审查后可以采用驳回异议、更正原行为两种方式，以裁定方式做出回复。对此裁定，当事人如果不满，只要符合条件，可继续申请复议。

二、作为二次救济的复议的诉讼化改造

自 1982 年《民事诉讼法（试行）》开始，复议正式进入我国民事诉讼程序。[①] 复议与西方的抗告制度有类似之处，如两者都属移审救济，是诉讼权利独立救济方式。两者的区别在于：复议建立在异议基础上，一次复议即告终结；抗告并不以异议为前提，当事人如对抗告救济不服，还可再抗告或法律抗告。西方法律理论认为，抗告对于约束法院附属性裁决行为、保障当事人程序性权利具有特别重要的价值。因此，抗告在大陆法系中有系统全面的程序建构。复议是我国独具本土特色的救济方式，带有诸多行政化的元素，如价值目标强调效率，以"快捷、方便"为共同追求[②]，作为诉讼权利的救济方式，其受理和裁决基本由法院主导，排斥当事人参与，职权因素浓厚。复议应在程序正义原则的引导下，进行诉讼化改造。

[①] 选择复议而非抗告或其他表达，受历史的原因和本土的习惯等因素的影响。"抗告"一词自清朝后期学习西方法制开始引入我国。彼时，抗告存在的审级基础是三审终审制度。民国时期的民事诉讼法沿袭了这种规定。解放战争时期的解放区内，有关民事诉讼权利维护的方式也采取抗告制度。1954 年《人民法院组织法》正式确立了四级二审终审的审级制度，"抗告"表述被"上诉"一词所取代，1982 年《民事诉讼法（试行）》实施后，"复议"一词取代了"上诉"在救济诉讼权利、制约法院程序性职权行为中的地位。

[②] 廖永安，雷勇．论我国民事诉讼复议制度的改革与完善 [J]．法律科学，2008（3）.

（一）复议的对象范围

复议是当事人对法院异议裁决不服而提起的再救济方式，复议对象有两个——当事人诉诸救济的诉讼权利和原审法院对异议的处理裁决。只有对异议裁决不满才能提起复议救济，复议是异议的后续救济和诉讼权利的再救济。可对复议做如下理解和界定：（1）只有可异议的诉讼权利事项才可复议救济，不可异议事项必然不可复议救济。从这个角度而言，可复议诉讼权利范围与可异议适用范围具有一定的承接关系。（2）只有经过异议救济的诉讼权利才可申请复议。一项诉讼权利，若未经异议处理，不得提起复议。（3）并非所有经异议裁决的事项都能够获得复议救济。后文对此将续论。

（二）复议的程式要件

一是复议时间。复议的程序建构也应侧重效率目标。异议裁决后，当事人提起复议时限不能过长，以免影响诉讼进程和案件实体审理。复议时间的遵守包括两方面内容：一方面复议要在原审结束前提起。复议是诉中救济方式，任何情况下，复议依附于原审正在进行的程序，如果原审程序已经结束，那么，不可再选择复议救济；另一方面复议提起时限以5日为宜，从当事人收到或者知道异议裁决之日起算。这个时间是一个不变期间，不存在中断、中止和延长之情形。二是复议形式。复议需要移审，为了让上一级法院全面了解救济事项、原法院的异议裁决和当事人的救济主张等，原则上要求当事人提起书面复议，附上相关事实、理由和证据等。三是复议的效力问题。根据复议本身特点和程序进行的需要，不能赋予复议产生阻断原法院异议裁断执行的效力。原因有以下三点：（1）虽然复议不必言辞审理，但要另开程序复审。较之异议，复议程式相对复杂，且当事人是否提起复议、复议法院得将于何时裁决等，原审法院都无法控制。如果赋予复议具有停止原法院裁断行为执行的效力，这意味着原审的中止，拖延原审程序的进行。（2）复议所涉事项并非不可回复。复议所涉及的诉讼权利即使受损，也可以在复议裁决后进行回复和纠正。（3）该事项已历经一次审查。提起复议并不意味原法院行为一定存在错误。是否真实存在侵损诉讼权利的事实，以及复议是否合乎法律规定，均要在审查后才能确认。所以，复议并不必然产生停止原法院裁断行为的效力。当然，如果不停止原法院行为的执行可能产生某些无法逆转的后果的，可以停止原法院程序性行为的执行。比如对申请财产和证据保全的裁定的复议，如果确实情况紧急，为维护申请人和相关主体的利益，法院可在责令当事人提供相应担保的前提下，停止法院原行为的执行。

（三）复议受理及裁决

复议法院要对复议申请进行形式和实质两方面的审查。形式审查是复议的前置性审查，包括复议是否符合形式、时限等要求，是否属于可复议事项范围等。形式审查不合规定的，法院可以责令当事人补正；只要在复议期内，补正后可允许当事人再次申请复议。当然，如相关条件不符合规定且不能补正的，上级法院可裁定驳回复议申请。实质审查采取书面形式，若有必要，可以对当事人进行言辞询问。实质审查内容包括：原审法院有无侵损诉讼权利的事实，产生了何种后果和影响；原审法院的异议裁决是否妥适与合法；当事人复议主张是否合理，理由是否充足；复议主张范围与异议救济主张是否一致；等等。根据实质审查情况，复议法院可分别采取两种方式裁决。一是复议申请无充分理由，做出驳回复议申请的裁定。这包括：原审法院并不存在侵损当事人诉讼权利的事项，或原审法院虽然存在侵损诉讼权利事实，但原审法院的异议裁决已提供了充分的救济。二是复议申请存在理由，依据不同情形作出更正裁定，包括：如果复议法院能够矫正，可由复议法院撤销原裁决，直接作出更正裁定；如果复议法院难以矫正，可撤销原裁决，责令原审法院更正。

三、作为附带救济的上诉的程序完善

立法上，上诉作为实体判决的救济方式已有较为完善的程序制度。但上诉作为诉讼权利救济方式，其程序简单，除立法列举了三种可上诉救济的裁定外，《民事诉讼法》第 164 条、第 169 条、第 170 条及一些司法解释，只是粗线条地规定了诉讼权利上诉救济的期限、审理和裁判方式等。因此，有必要在完善诉讼权利救济机制的视角下，加强上诉救济的程序建设。

（一）诉讼权利上诉救济的条件

上诉是审级救济方式之一。审级救济"可降低裁判错误率、保障司法给付品质"，但其也意味着"整体司法资源的消耗"的增加，对当事人个人而言"也是司法给付的迟延。"[①] 所以，无限扩大上诉适用的救济范围，这并不可取。上诉对诉讼权利的救济，一般应满足下述条件：首先，诉讼权利的上诉救济一般要服从实体上诉的条件。原则上，只有存在上诉的实体理由时，诉讼权利才能进入上诉程序救济。反之，如果根据法律规定，本案实体不符合上诉要件或实体上不准许上诉，那么诉讼权利就不能进入上诉程序救济。比如，对一审判决的上诉期限是 15 天，超过此期限，不但实体上诉失去可能，诉讼权利救济更不可能。再如，小额诉讼程序一审终审，实体上不许可上诉，则相应地，小额程序中受损的诉讼权利也不可采取上诉救济方式。上诉救济中，将诉讼权利救济与实体救济联系起来，做综合性评价是一个普遍性的规定，德国的立法将抗告提起与实体救济联系在一起，规定：如果在实体上不具法律认可的上诉利益或者法律不许可上诉，那么，在程序上一般也不能提起抗告或再抗告的救济。其次，即使实体上存在上诉可能，也非所有诉讼权利均可上诉救济。比如，对一般性

---

① 苏永钦. 司法改革的再改革 [M]. 台北：月旦出版社，1998：325.

诉讼权利，当事人在原诉讼过程中，故意舍弃异议救济；或者，同一诉讼权利，已经由上诉法院进行过专门的复议救济，那么，也没有必要再次由相同主体重复实施同层次的上诉救济。最后，某些特殊的、涉及重大程序的事项，可赋予当事人独立适用上诉救济的机会。但前提是原审程序已经结束，当事人无法适用复议提起救济。如果原审程序仍在进行中，很显然是可通过复议开启移审救济的。

（二）二审法院审查与裁决问题

上诉救济一律采取书面形式，当事人要在上诉请求中一并提出诉讼权利的救济请求、说明理由等，以便上级法院审查。对于诉讼权利的上诉请求，上诉法院要按照程序优于实体原则，先审查诉讼权利的救济主张，再审查实体权利的救济主张。《民事诉讼法》第177条规定，原审存在遗漏当事人、违法缺席判决等严重违反法定程序情形的，可直接撤销原判决，发回重审。对诉讼权利救济的优先审查，可及时发现是否存在严重违反法定程序之情况，避免出现上诉法院在实体审查后又将案件发回重审的情况。如原审法院确实存在侵损诉讼权利的情况，二审法院能够自行纠正的，可以直接给予当事人在二审程序中行使该诉讼权利的机会，如辩论权、举证权等；当然，如果原审法院侵损当事人诉讼权利的情况非常严重，如剥夺式地侵损当事人辩论权[1]，上诉审法院无法补救的，那么二审法院可将案件发回重审，而无处理实体问题的必要。诉讼权利的上诉救济，其主张提起、审理时限、审理方式等都可直接援引实体上诉审的规定处理。但是，如果是单独寻求诉讼权利上诉的，其时限一般要短些，以10日为宜，法院审理和裁决方式也宜区别于实体上诉，如原则不开庭审理，

---

[1] 《关于适用〈民事诉讼法〉的解释》（法释〔2022〕11号）第323条规定，"下列情形，可以认定为民事诉讼法第一百七十七条第一款第四项规定的严重违反法定程序：（一）审判组织的组成不合法的；（二）应当回避的审判人员未回避的；（三）无诉讼行为能力人未经法定代理人代为诉讼的；（四）违法剥夺当事人辩论权利的。"

可迳行裁判等。

四、作为特殊救济的再审的程序完善

法院一旦做出确定判决，无论该判决是否错误，"原则上再无争执余地"；但是"败诉当事人所应该接受之错误判决，必须系参与诉讼作业人员公正合法所为，无弊端情形存在"。① 为了纠正原法院诉讼过程中确实存在的错误，诉讼权利需将再审作为最后保障。

（一）再审的条件及对象问题

立法以加强再审事由的程序化为诉讼程序的运行注入更多稳定性。立法中的再审事由业已程序化，诉讼权利保障状况是当事人推开再审大门的主要依据。这在前文已有多视角的分析。非常值得关注的事项是，现行立法中的再审事由较多地赋予了再审以作为初次救济方式为诉讼权利提供救济的可能，同时这种可能性的范围还比较大，这有悖于再审作为特殊救济方式的定位。即便我们认可再审事由程序化的科学性，但很显然也要对再审救济对象的范围进行某种形式的限缩，如启动再审要求严格遵循有限救济和用尽普通救济原则。首先是用尽普通救济原则。除下列情况外，一般不得允许诉讼权利寻求再审的特殊救济：一是经历了异议和复议裁决的诉讼权利，当事人对此前裁决仍有不服，有再审救济之必要的；二是特定情况下，历经异议的诉讼权利，这种诉讼权利初次受损事由一般发生在二审程序中，因不存在复议及上诉的可能性，诉讼权利的再次救济只可能是申请再审；三是例外情况下，直接进入再审救济的诉讼权利，此外特指某些特定的诉讼权利，因其对于程序保障的特定重要性或具有法律上的重要意义，而赋予其直接再审之可能，但是其适用范围和条件要严格限制。其次是有限救济规则。一般性诉讼权利，立法最多赋予其两次普通救济即可。

---

① 陈荣宗，林庆苗. 民事诉讼法 [M]. 台北：三民书局，1996：815.

因为再审的特殊定位，判决生效后，为了维护程序的安定性，即使存在轻微的程序瑕疵问题，也不得启动再审。

此外，为保证再审作为特殊救济的纯洁性，实现其作为特殊救济方式的作用，在未来制度完善的过程中，下述事项值得关注：第一，优先为列举性事由配置普通救济。在列举性事由中，除了证据申请权、申请回避权等配置有复议救济外①，质证权、辩论权、受通知权等诉讼权利被直接纳入再审范畴，忽视了低成本和迅捷的普通救济的应用。从维持生效裁判稳定、坚持程序安定原则出发，或者从平衡公正与效率目标的角度出发，为被列举的再审事由优先配置普通救济，确实是非常必要的。事实上，只有普通救济的开放性和优先性适用，才有提高再审救济"准入门槛"的基础和可能性。第二，不宜将一般性诉讼权利单独列入再审事由。司法实践中的职权因素依然较为突出，在诉讼进行过程中，也存在当事人行使质证权、辩论权等诉讼权利受到不当干预的情况，但是，解决此类实际问题，没有必要一定得将其付诸再审救济。以再审方式来纠正在现实中较为普遍的程序瑕疵等情况，可能导致再审适用范围太大，再审适用频次太高，有违再审的功能定位要求。即便是面对较为严重的侵犯质证权、辩论权等情形，也可以优先通过普通救济进行修复和治愈。客观而言，要保证再审作为非常规救济方式的功能定位，扩大和加强对当事人辩论权、质证权等一般性诉讼权利的普通救济，是非常必要的基础性工作。第三，列举性再审事由应以重大的程序瑕疵和违法为核心。对重大的程序瑕疵和违法配置包括再审在内的高强度救济，这是各国再审立法的普遍性做法，也是再审功能的集中体现。具体而言，我国现行法规定的审判组织不合法、法官没有回避、审理过程中法官职务违法等侵犯当事人公正程序请求权的事项，即属于直接违反《人民法院组织法》等强行法之规定的表现，有必要给予

---

① 依据前文分析的脉络，立法对证据申请权配置异议救济为妥。

高强度的救济。对于此类事项，立法虽然也要强调普通救济的适用，但即使当事人错过或放弃了普通救济，因违反强行法，此类事项也应成为绝对再审的事由。第四，对法院侵损当事人受通知权、出庭权、诉讼请求处分权等情形，也应给予高强度救济。此类情形虽然不直接涉及公益保护，但与法院侵损一般性诉讼权利的后果相比较，侵损此三类诉讼权利直接剥夺了当事人可能期待得到的实体利益，甚至是一切实体利益，所以配置高强度的救济是合乎逻辑的。但必须看到，此三类诉讼权利的侵损多与当事人的私益相关，法律也允许这些私益的放弃，所以其可作为有条件的再审事由而存在。也即，此三类事由可配置高强度的再审救济，但是，立法须尊重当事人的选择权；如果当事人放弃了本可适用的普通救济，则可认为当事人也放弃了再审救济，没有必要绝对给予再审救济。第五，硬性确定适用普通救济为启动再审的前置性条件。除了上文分析的少数几种绝对再审事由外，其他情况下，如果当事人放弃普通救济方式之适用，那么，如无特殊情况，可视为当事人也连带地放弃了更高层级的再审救济，不允许当事人援引再审维护权利。

(二) 再审的程式问题

从程序运行原理而言，层次越高的程序，运行成本也越高，启动控制上也应越严格。① 但在立法体例上，世界上其他国家或地区的立法并未再打造一套专门适用于诉讼权利救济的再审体系，诉讼权利的再审与实体事项的再审采取基本相同的程式要件。日本法律规定，对于可能影响当事人诉讼权利的法院职权行为，如裁定、决定等，法律准用再审之诉的相关规定。② 我国台湾地区的"民事诉讼法"也有类似规定，如其"再审"篇中的第 507 条规定，"裁定已经确定，而有第四百九十六条第一项或第四百

---

① 张卫平. 民事诉讼法律审研究 [J]. 民事程序法研究, 2006 (2).
② [日] 新堂幸司. 新民事诉讼法 [M]. 林剑锋译. 北京：法律出版社, 2005：673.

九十七条之情形者，得准用本编之规定，申请再审"。当事人诉讼权利救济机制的完善，再审的科学定位是其中重要的内容。除了可在审理方式、审理期限等方面进行特别的规定外，我国立法中的诉讼权利再审也可准用关于实体判决再审救济的规定。如在形式上，诉讼权利的再审申请要采取书面形式，载明所需救济的诉讼权利，并附上相关理由；在时间上，诉讼权利救济时限要遵守实体权利再审救济时限的规定。特别地，在受理方面，诉讼权利的再审启动要采取审查许可制，即法院须对诉讼权利的再审启动进行严格审查。特别地，包括审查此前诉讼权利的救济状况、诉讼权利性质等事项，如果这种侵损已经通过普通救济得到修复，或者当事人已经放弃了普通救济，则可以驳回再审申请。当然，如果属于上文述及的绝对再审事由，则无须其他情况，必须作出受理再审的裁定。

第五节　救济机制内部结构关系的梳理

割裂个体与整体的关系，便不能完全认识个体；割裂个体之间的联系，则不能形成整体或解体整体。对此，马克思曾否定过那种对立看待个体与整体、将个体视为"抽象的个体"或"孤立的个体"的思维。[①] 系统是由部分组成的整体，系统的完善和构建要注重由"相互关联、相互制约"的各部分组成的整体概念。[②] 各救济方式也非"孤立的个体"，各救济方式不但依附于救济系统存在，在它们之间也存在着无法割裂的关系。合理安排救济方式之间的关系是救济机制完善的重要内容。单个救济方式的完善不等于救济系统的完善，救济机制整体功能的最大化要求立法以系

① 景天魁等. 社会学方法论与马克思：个体与整体［M］. 北京：人民出版社，1993：201.
② 魏宏森，曾国屏. 系统论——系统科学哲学［M］. 北京：清华大学出版社，1995：202.

统化视野、整合性思维，理顺各救济方式之间的有机联系和逻辑关系。

一、建立救济过滤及救济链接机制

（一）向上传递的过滤机制

"金字塔"式救济结构中，各救济方式的覆盖范围层层缩减。属于"塔基"的异议范围接近于普遍性救济。随救济层次的上移，诉讼权利救济面逐渐缩小，直至形成救济"塔尖"。这是一种较为可行的救济机制运行模式：诸救济方式之间有严格的等级区分，有鲜明的层次结构，有递减的梯度式救济范围。这需要在各救济方式之间导入过滤机制，对进入各救济层级的诉讼权利进行梯度式筛选，使诉讼权利的救济范围和救济层次成反比例关系，即随着救济层次的上升，救济范围逐渐缩小，呈递减趋势。通过过滤机制，后续救济方式的覆盖面小于在先救济方式的覆盖面，从而构筑起立体的正"金字塔"式救济结构。缺失这种过滤机制，诉讼权利可能平行进入上层次救济，甚至进入"塔尖"救济。救济过滤机制限制了一般性诉讼权利的过度救济，减少了法院，尤其是上级法院的救济负担。可以说，救济过滤机制是有限救济原则的具体要求，也是理顺各救济方式的层次关系之必须。通过过滤机制的作用，各救济方式并非等位存在，低层级救济都是上一层级救济的过滤系统，具有筛选把关功能。只有经过滤筛选后的诉讼权利，才可被传递输入上一层次的救济。此外，过滤机制的构建还须注意下述事项。

首先，救济舍弃的问题。舍弃救济是当事人自愿放弃某个层次的救济，属于救济过滤行为。丰富的救济层次客观上有助于当事人程序利益的维护，故不可强制当事人放弃救济利益，但是，应允许当事人自愿放弃救济。一是救济舍弃的形式。舍弃形式包括明示和默示两种。明示舍弃是经过原行为法院充分释明后，当事人以言辞表示、主动声明愿意遵守法院程序性裁断，不采取救济措施。默示放弃一般表现为超越救济期限而不寻求救济，或者直接接受原法院职权行为的法律后果等。二是救济舍弃的效力。一般情况下，即使原法院行为存在侵损当事人诉讼权利之情形，但当事人舍弃救济后，便视为当事人认可了原法院的职权行为，原法院的瑕疵行为获得治愈。① 如德国民事诉讼法规定，如果当事人违反一审程序规定，如不遵守诉讼行为方式以及知道可以提出责问而不提出的，则在控诉中丧失责问救济的权利②。主动舍弃低层次救济，意味着诉讼权利不能再进入上一层级的救济。如果一方当事人明知有程序瑕疵而不适时采取救济措施，这在事实上导致对方当事人对诉讼的后续进行产生了充分的信赖利益，故不容许当事人事后再行救济。对此，我国亦有相关立法规定，但是其仅仅列举性地规定了一种情形，即当事人对一审程序漏判，放弃上诉救济的，不可再针对该事项寻求再审救济。③ 同时，放弃适时救济，寻求事后再救济，这也可能导致此前的诉讼行为归于无效，过度影响到程序的"安定"和"经济"。④ 三是救济舍弃的例外。这可做两方面的理解：一方面，如果当事人确实有证据证明，在当时无法获知法院存在侵损诉讼权利之行为的事实，且事后也没能获得治愈和弥补的，那么，应允许当事人进行后续的再救济；另一方面，舍弃虽为自愿，但程序瑕疵如涉及公益⑤、涉及强行法之规定时，不许可舍弃。如我国台湾地区"民事诉讼法"第

---

① 何文燕，廖永安. 民事诉讼法学专论 ［M］. 湘潭：湘潭大学出版社，2011：244.

② 参见《德国民事诉讼法》第 295 条、第 321 条之一、第 534 条等，其中第 534 条规定，"违反第一审程序规定，依第 295 条的规定，当事人在一审已经丧失责问权的，在控诉中也不能再提出责问"。

③ 比如，《关于适用〈中华人民共和国民事诉讼法〉的解释》第 390 条规定："民事诉讼法第二百零七条第十一项规定的诉讼请求，包括一审诉讼请求、二审上诉请求，但当事人未对一审判决、裁定遗漏或者超出诉讼请求提起上诉的除外。"其表明，对于一审裁判遗漏诉讼请求事项，当事人如未能提出上诉救济申请，则视为放弃再审。该条文于 2014 年正式出现在最高人民法院的司法解释中，应该说，当时的立法及实务界对救济过滤已经有了一个基本认知，但是其仅为适用范围有限的列举式规定，并没有扩充到其他领域。

④ 民事诉讼法研究基金会. 民事诉讼法之研讨（七）［M］. 台北：三民书局，1996：358，378.

⑤ 何文燕，廖永安. 民事诉讼法学专论 ［M］. 湘潭：湘潭大学出版社，2011：244.

197 条规定，当事人对法院违反程序的行为声明已无异议，那么不可异议救济，但是"非仅为当事人之利益而设者，不适用之"。

其次，救济过滤的基准。明确过滤基准的目的在于防止过度救济，防止救济的重心从普通救济偏离至特殊救济。一般地，为满足最低限度的保障需求，立法不宜强制过滤或排除诉讼权利的初次救济，也即，应保障异议的普遍性适用。两次救济可能使当事人获得向不同层级法院陈述救济主张的可能，有利于公正度的提高，因此，可允许大多的诉讼权利提起二次救济，尤其是允许提起简易的复议救济。在这个角度，立法可对第二次救济做一般性、强度有限的过滤设置。对两次以后的再救济，立法可采取强度较大的过滤设置，除非其存在超越个案或超越私益的特定情形，或者存在侵犯当事人重大利益的特定情形，比如侵犯当事人出庭权、受通知权等诉讼权利的情况。对三次以上的救济，立法要采取最高级别的过滤设置，甚至是完全封闭或排除这种救济之可能①。此外，一些学者提出了事件性质、涉及金额、原审许可及两次救济是否相同等有关救济强度设置的基准。根据我国实际，除救济次数外，还可将程序性质、当事人救济需求、诉讼权利性质、在先救济情况等作为诉讼权利救济过滤基准的综合性考虑因素。也即，如果在先救济已可满足当事人救济需求，所涉诉讼权利对程序运行影响极小，或者引起救济的事件发生在简易程序中，或者已由在先救济得到矫正，或者两次救济都获得一样的结果等，则基本可排除其适用更高层级的再救济的可能性。相反，如原法院行为属于严重违反法定程序、违反强行法的规定或原审法院不当拒绝受理当事人原救济申请的，那么，原则上应允许当事人申请更高层次的再救济。

最后，救济过滤的配套。为配合救济过滤机制的实施，立法需要有配

---

① 现行法中，一审程序中被列举救济的诉讼权利，理论上都可进行三次甚至三次以上的救济，属于救济过度。

套措施落实该机制。一是法院的充分释明。过滤机制目的在于减少无益的救济层次，但客观上也减弱了程序保障的力度。为了防止诉讼突袭，对于被过滤后无法进入上层次救济的情形，法院应当履行释明义务，对当事人可能失去的救济利益充分说明，告知法律后果，防止当事人无意地、不当地失去救济利益。二是有偿的救济。可选择性地采取有偿救济规则，除了利用原审程序救济外，对其他非向原行为法院提起的移审救济，收取一定的救济费用，适度规制和降低当事人启动再救济的频率。

（二）对下链接的衔接机制

现行诉讼权利救济体系缺少了预设的衔接与过渡机制，各救济方式表现出了较强的独立性，这导致各救济方式之间功能耦合关系不清，衔接不畅，黏合不够。救济体系功能的有效发挥需要一体化思维和整体性思维，单独地对包括上诉和再审在内的诸救济方式进行完善，不利于改变权利（包括实体权利）救济机制运行的状况。这其中，衔接机制的预设是发挥诸救济方式整体性功能的关键内容之一。

救济衔接机制确立的法理依据是单次救济的有限理性，衔接机制也是诸救济方式功能纵向分层的结果，是诉讼权利获得纵深保障的必要。通过衔接机制，诉讼权利可被传送至上一层次的救济，使诉讼权利获得再救济机会。再救济是上级法院的复审，即复查原法院职权行为和救济行为，并在此基础上作出肯定或否定性评价。再救济和原救济之间存在一种链接关系，前者是诉讼权利的进一步保障。建立上下层次救济方式之间的衔接机制，可发挥再救济的监督功能，促使原法院认真对待当事人诉讼权利救济的诉求，提高救济质量。简言之，衔接机制可将诉讼权利导入再救济的范围，客观上增加了救济的准确性；也赋予了当事人继续陈述、申辩的机会。所以，各救济方式不能"孤岛式"地存在，必须在救济系统的视野里，关注各救济方式的链接和互补关系。首先，通常情况下，上下救济层次之间是渐次递进的衔接。按照救济机制"金字塔"式的运行模式，先选择低层次救济，再适用高一层级的救济方式，上下救济表现为链条式的渐次递进关系。在先救济是前提，后续再救济是保障，其中，一个链接的缺口，将阻滞诉讼权利进入后续再救济的范围。其次，只有在特定情况下，才特许诉讼权利的飞跃救济。飞跃救济是绕开正常的救济层级关系，跨越中间救济环节，直接进入高层级救济方式。飞跃救济是例外，体现了救济衔接的灵活性。但是，适用飞跃救济不得损害对方当事人的程序利益，且适用范围不能太大，一般限于当事人重大程序利益保障或者违反法律强制性规定等少数场合。

二、异议与其他救济方式的关系梳理

（一）异议与复议的联系

复议和异议同属诉讼权利的独立救济体系，两者在独立救济体系中存在一种自然衔接的关系。通常情况下，对异议裁决不服，可自然申请复议。没有经异议救济的诉讼权利，不得申请复议；复议以异议为前提，是异议的上一层次的再救济。但也须注意，在过滤机制作用下，复议非异议的必经通道，不是所有诉讼权利经异议救济后均可复议。立法也可基于法院审判管理和诉讼指挥的需要，对一些诉讼权利，如受法院指定管辖、移送管辖、法院单方确定期日等职权行为影响的诉讼权利，只配置最低层次的异议救济，限制复议范围，以平衡法院职权行使和当事人诉讼权利保障的关系。此外，复议和异议的关系处理还须注意下述特殊事项。

首先，二审程序中的异议事项，不可申请复议。异议救济可能发生在一审程序中，也可能发生在二审程序中。在前种情况下，一审程序中的异议事项只要符合基本条件，一般可继续申请复议；在后种情况下，如果诉讼权利初次侵损事实出现在二审程序中，因为二审法院的判决在实体上是终审判决，如果准允对二审法院的程序性职权行为向上级法院申请复议，则可能出现因诉讼权利救济而突破现行审级制度的情况。所以，二审程序中的异议事项，不宜再准允复议。其次，特定一审程序中的异议事项，不可复议。小额诉讼案件在实体上不许可上诉，实行一审终审的制度。根据相称救济原则，此类案件一般无必要再配置复议。当然，为堵住诉讼权利保障的漏洞，如果此类案件有涉及超越个案的原则性问题、重大法律问题，或者原审程序有重大瑕疵、违法行为等，应许可当事人申请再救济，但再救济方式并不是复议。此外，如果原一审法院是最高法院，因为法院层级之限制，异议事项在任何情况下都不存在复议的可能。最后，原审法院的救济完全满足了原异议主张的，不可复议。当事人如对原法院异议裁断表示满意，自然无须再行复议；或者，如果原审法院的异议裁定完全依据异议主张的内容做成，也应视为原法院完全矫正了原失当行为，满足了当事人救济的需求，可据"一事不再理"、自我责任之规则，不允许当事人对同一法院职权行为或同一诉讼权利，再基于相同理由或不同理由申请复议。

（二）异议与上诉的联系

复议是异议自然衔接的救济方式。在特殊情况下，上诉也可作为异议的再救济方式。因为，上诉本身就属于第二层次的救济。这些特殊情况包括：原诉讼程序已经结束，且当事人在实体判决后提起实体上诉，此时，上诉可作为异议的再救济方式存在。因为，复议是诉讼过程中的独立救济，如原审程序已结束，已经不存在复议可依附的程序，当然也不能再申请复议。在不能申请复议的此种情况中，如果也不能上诉救济，更不能直接诉诸再审救济，那么，就可能出现诉讼权利保障的大缺口。所以，以普通救济方式之一的上诉作为保障是比较理想的选择。但需要注意的是，附带救济核心是实体权利，启动基准是实体权利受损。

故在一般情况下，上诉作为异议再救济保障的前提是当事人得提起实体上诉，如果没有实体上的上诉利益，那么，如无特殊情况，不得单独提起上诉的再救济。

（三）异议与再审的联系

在救济层次上，异议位于"塔底"，是初次救济；再审高居"塔尖"，为最高层次的救济。一般地，须经复议等普通救济链条式地传递，并经过滤机制筛选后的诉讼权利才有可能进入再审救济范围。也就是说，原则上，再审和异议没有直接的衔接关系；特定情况下，为避免程序保障缺口，异议与再审也可能存在小范围的直接衔接关系，但是，此种衔接绝对不可扩大适用。

首先，飞跃救济的例外。如果异议救济后的诉讼权利关系到重大法律问题，或属于重大程序瑕疵，当事人又无意地错过了复议及上诉的救济，那么，此种情况下，为了慎重处理上述"重大的""原则意义"的问题，弥补因当事人错过其他救济方式而留下的程序保障缺口，可允许其作为特例申请再审。但对飞跃救济性质的再审，于私益方面，要求当事人证明其不存在错过普通救济的过失，不能随意地让当事人启动再审。同时，如前文所述，飞跃救济的再审启动不能纯粹地考虑当事人私益的救济，还有必要加入诸如纠正违反强行法行为、"发展法律适用"等公益性考量，以进一步缩减再审和异议衔接可能性。其次，发生在二审程序中的异议事项。对发生在二审程序中的异议事项，因限于二审终审的基本制度，诉讼权利已无法再行复议。但如果不许再救济的话，将出现诉讼权利保障不足的问题。此种情况下，可作为特例，直接以再审救济衔接异议，以再审作为异议直接的再救济方式。但同样地，这种例外不得滥用，立法可明确列举"重大事由"范围，防止当事人以此例外作为敲开再审之门的一种工具。同时，此种情况也适用于初次救济事项发生在最高法院作为受诉法院的情形中，其处理规则基本与二审程序中的异议事项相同，于此不再赘述。

三、复议与其他救济方式的关系梳理

第一，复议与上诉的关系梳理。复议和上诉都是移审救济，同属第二层次救济。但前者归属于独立救济体系，后者属于附带救济体系，性质、功能定位的不同决定了两者的差异。因为属于救济层次的同一平面，不可能存在上下层次的功能衔接关系。在两者关系处理方面，主要是避免功能重叠交叉的问题。其一，总体上，立法应鼓励当事人选择复议来保障诉讼权利。因为，在第二层次的救济平面里，复议是程序更简易、成本更低廉的救济方式。只有当复议无法发挥对异议的再救济保障功能时，才可由上诉进行衔接。其二，已经复议救济的诉讼权利，不得作为上诉请求于实体上诉程序再提起救济。为诉讼权利提供同层面的两次救济，将导致司法资源无谓支出，也是过度救济的表现。其三，在同一救济层面，基于诉讼权利保障的共同目的，两者存在一种互补和配合的关系。异议后的诉讼权利，可复议，也可上诉，其分际标准是看原审程序是否结束、实体方面的上诉程序是否启动。如果原审程序正在进行，异议的衔接应以复议为先；反之，如果原审程序已经结束或者即将结束，出于一次性化解纠纷的目的，宜将上诉作为异议的衔接方式。

第二，复议与再审的关系梳理。根据我国的审级制度，"金字塔"式的救济层次最多包含三个层级。再审是唯一的第三层次的救济方式，因此，复议和再审存在一种衔接关系。与再审功能定位相适应，再审永远不是包括复议在内的普通救济方式的自然过渡。一般来说，诉讼权利经过其他救济过滤是启动再审的必要条件，但并非充分条件。独立救济体系中，复议就是诉讼权利通常的最终救济方式。而且，经过异议和复议救济的诉讼权利，当事人的基本诉求一般能够得到满足。经由复议，再进入再审，意味着诉讼权利面临三次救济，如果此种诉讼权利不是严重影响当事人程序利益，允许再审就有救济过度之嫌疑。一般地，异议及复议后的诉讼权利，如果两级法院的裁判结果一致，这时，封闭再审是必要的。因为，这一般表明了原普通救济的正确性，无须再启动特殊救济。

四、上诉和再审的关系优化

上诉和再审同属于附带救济体系，也属于终局救济方式。但是，上诉是普通救济方式，而再审是特殊救济方式。按照用尽普通救济原则，在附带救济体系中，起主导作用的救济方式是上诉，而非再审；上诉属于第二层次的救济，再审属于第三层次的救济。在两者关系处理上，上诉要发挥对再审救济的过滤功能，只能让特定、有特殊需求的诉讼权利进入再审范围。一般地，如果当事人能够使用上诉获得救济，却放弃上诉，则不得寻求启动再审。再审要发挥对上诉的保障功能，利用救济衔接机制监督上诉法院的上诉救济行为，并对当事人的再审救济请求作出维持原裁判、驳回申请及发回重审等形式的裁决。但正如波斯纳所言，诉讼制度的目的就是要使"错误的司法判决成本"和"诉讼制度运行成本"之和最小化，如果消除司法判决错误，使诉讼运行成本过高，司法甚至要容忍这一错误。[①] 再审之存在构成了上诉救济的必要的、"良性"的压力，这可促使上诉审法院作出更谨慎、更优质的裁判，但在任何时候，上诉和再审都并非自然衔接的关系。必须认识到，"节制"是再审的"美德"，再审作为特殊救济方式不应普遍性关注轻微的程序瑕疵问题。为了程序的安定和裁判的稳定，对上诉救济后仍然存在的程序瑕疵，并非要给予无条件的再审救济。

---

① ［美］理查德·A. 波斯纳. 法律的经济分析［M］. 北京：中国大百科全书出版社，1997：716.

结　语

　　"自由的历史，在很大程度上就是程序保障的历史"。① 以"实现诉讼程序的合法性"和制裁诉讼权利侵害行为为目的的诉讼权利保障②，是加强民事程序保障的重要内容。作为诉讼权利保障的重要措施，当事人诉讼权利救济机制的完善是当前和未来民事诉讼立法不可推卸的责任和必须担当的使命。正因如此，笔者对当事人诉讼权利救济机制完善这一看似轻淡、实则沉重的命题进行了粗陋的探索。

　　由于诉讼程序中存在大量针对诉讼权利的程序性裁决，诉讼权利救济与实体权利救济理念存在较大差异，同时考虑到救济成本、再审定位等诸多因素，有必要在诉讼权利的附带救济体系之外，建立专门适用于诉讼权利保障的独立救济体系，从而在诉讼权利保障方面形成以独立救济体系为主导的、以附带救济为辅助的"双轨"救济体系。为达成这一目标，要完善诸救济方式的程序构造，特别是要完善异议和复议的程序设计；要理顺各救济方式之间的互动关系，建立诉讼权利救济的过滤机制和衔接机制；要扩大异议适用面，梳理各救济方式的层次，保障再审作为诉讼权利救济"金字塔"的"塔尖"地位。

　　诉讼权利救济机制的完善所涉及问题繁多，其直接涉及我国民事诉讼制度的整体架构问题；特别地，囿于学识，诸多问题无法深入，无奈浅尝

---

① ［美］迈克尔·D.贝勒斯. 程序正义：向个人的分配 ［M］. 邓海平译. 北京：高等教育出版社，2005：1.
② 江伟，邵明，陈刚. 民事诉权研究 ［M］. 北京：法律出版社，2002：439.

辄止，某些观点的建设性也存疑，这直接掣肘了本书研究的质量和价值。总体上，本论题还有下述问题值得深入探索：如何保证救济强度的适当性？如何防止异议和复议对诉讼程序流畅性的减损？在诉讼权利救济视角下，如何进一步发挥普通救济方式功能来减轻再审"无法承受的负荷"？既然要摒弃再审"封闭式"修改的思维，那么，应如何"开放性"整合再审与其他救济方式之间的关系？再审的程序纠错功能与实体纠错功能如何协调……

"法律是社会生活的形式"，程序法作为"形式的法律"，就是此种"形式的形式"；程序法"如同桅杆顶尖，对船身最轻微的运动也会做出最强烈的摆动"①。因此，民事程序法的改革必须清晰、明确地反映社会生活变化，体现经济社会的变革趋势。程序也是"各种矛盾的交汇点"，程序中的"个人自由必须与机会均等紧密结合"，"忠实地折射出我们时代所有迫切的需要"②。在当事人权利意识、程序意识不断增强的深刻背景下，民事诉讼法也要积极调适和完善，并反映出这种社会生活的变化，防止制度设计与"生活事实"的背离和割裂。当然，当事人诉讼权利救济机制的完善，其无论如何也扮演不了对这种变化了的"社会生活"进行全部回应的角色，但是，作为民事司法制度整体改革中的一个活跃而重要的部分，集中立法智慧，采取前沿视野，适时进一步提升救济技术，创新救济理念，完善救济制度，与司法实践和社会实际形成一种良性互动，是非常有必要的。

---

① ［德］拉德布鲁赫. 法学导论［M］. 朱林译. 北京：中国大百科全书出版社，1997：120.

② ［意］莫诺·卡佩莱蒂. 当事人基本程序保障权与未来的民事诉讼［M］. 徐昕译. 北京：法律出版社，2000：176.

参 考 文 献

学术著作：

［1］柴发邦．中国民事诉讼法学［M］．北京：中国人民公安大学出版社，1992.

［2］常怡．外国民事诉讼法的新发展［M］．北京：中国政法大学出版社，2009.

［3］陈刚．中国民事诉讼法制百年进程（清末时期·第一卷）．北京：中国法制出版社，2004.

［4］陈瑞华．程序正义理论［M］．北京：中国法制出版社，2010.

［5］陈瑞华．程序性制裁理论［M］．北京：中国法制出版社，2010.

［6］陈荣宗，林庆苗．民事诉讼法［M］．台北：三民书局，1996.

［7］程燎原，王人博．赢得神圣——权利及其救济通论［M］．济南：山东人民出版社，1993.

［8］樊崇义等．刑事诉讼法再修改理性思考［M］．北京：中国人民公安大学出版社，2007.

［9］顾培东．社会冲突与诉讼机制［M］．北京：法律出版社，2004.

［10］何文燕，廖永安．民事诉讼法学［M］．长沙：湖南人民出版社，2008.

［11］何文燕，廖永安．民事诉讼法学专论［M］．湘潭：湘潭大学出版社，2011.

［12］何文燕．民事诉讼理论问题研究［M］．长沙：中南工业大学出版社，1996.

［13］何文燕．民事诉讼法学［M］．长沙：湖南人民出版社，2001.

［14］黄娟．当事人民事诉讼权利研究［M］．北京：北京大学出版社，2009.

［15］季卫东．法治秩序的建构［M］．北京：中国政法大学出版社，2000.

［16］江伟．探索与构建：民事诉讼法学研究（上卷）［M］．北京：中国人民大学出版社，2008.

［17］江伟．民事诉讼法（第五版）［M］．北京：中国人民大学出版社，2011.

［18］江伟．民事诉讼法专论［M］．北京：中国人民大学出版社，2005.

［19］江伟．民事诉讼法学原理［M］．北京：中国人民大学出版社，1999.

［20］江伟，汤维建．民事诉讼法［M］．北京：中国人民大学出版社，2000.

［21］江伟，邵明，陈刚．民事诉权研究［M］．北京：法律出版社，2002.

［22］姜世明．民事程序法之发展与宪法原则［M］．台北：元照出版公司，2003.

［23］菅从进．权利制约权力论［M］．济南：山东人民出版社，2008.

［24］廖永安．诉讼费用研究——以当事人诉权保护为分析视［M］．北京：中国政法大学出版社，2006.

［25］莫纪宏．实践中的宪法学原理［M］．北京：中国人民大学出版社，2007.

［26］莫纪宏．现代宪法的逻辑基础［M］．北京：法律出版社，2001.

［27］民事诉讼法研究基金会．民事诉讼法之研讨（三）［M］．台北：三民书局，1990.

［28］民事诉讼法研究基金会．民事诉讼法之研讨（七）［M］．台北：三民书局，1996.

［29］民事诉讼法研究基金会．民事诉讼法之研讨（十二）［M］．台北：三民书局，2004.

［30］《民事诉讼法学》编写组．民事诉讼法学［M］．北京：高等教育出版社，2022.

［31］齐树洁．英国民事司法改革［M］．北京：北京大学出版社，2004.

［32］齐树洁．民事上诉制度研究［M］．北京：法律出版社，2006.

［33］乔欣，郭纪元．外国民事诉讼法［M］．北京：人民法院出版社，2002.

［34］邱联恭．程序选择权论［M］．台北：三民书局，2000.

［35］邱联恭．程序利益保护论［M］．台北：三民书局，2005.

［36］邱联恭．司法之现代化与程序法［M］．台北：三民书局，1992.

［37］苏永钦．司法改革的再改革［M］．台北：月旦出版社，1998.

［38］沈达明．比较民事诉讼法初论［M］．北京：中国法制出版社，2002.

［39］沈冠伶．诉讼权保障与裁判外纷争处理［M］．北京：北京大学

出版社，2008.

　　[40] 宋冰. 程序、正义与现代化 [M]. 北京：中国政法大学出版社，1998.

　　[41] 孙笑侠. 程序的法理 [M]. 北京：商务印书馆，2005.

　　[42] 王福华. 民事诉讼专题研究 [M]. 北京：中国法制出版社，2007.

　　[43] 王甲乙等. 民事诉讼法新论 [M]. 北京：广益书局印行，1983.

　　[44] 王亚新. 社会变革中的民事诉讼 [M]. 北京：中国法制出版社，2001.

　　[45] 魏宏森. 系统科学方法论导论 [M]. 北京：人民出版社，1983.

　　[46] 魏宏森，曾国屏. 系统论——系统科学哲学 [M]. 北京：清华大学出版社，1995.

　　[47] 翁岳生. 行政法（下）[M]. 北京：中国法制出版社，2009.

　　[48] 现代汉语词典 [M]. 北京：商务印书馆，1996.

　　[49] 肖建国. 民事诉讼程序价值论 [M]. 北京：中国人民大学出版社，2000.

　　[50] 谢晖. 法律意义的追问——诠释学视野中的法哲学 [M]. 北京：商务印书馆，2003.

　　[51] 徐亚文. 程序正义论 [M]. 济南：山东人民出版社，2004.

　　[52] 徐昕. 英国民事诉讼与民事司法改革 [M]. 北京：中国政法大学出版社，2002.

　　[53] 杨建华. 民事诉讼法问题研析（三）[M]. 台北：三民书局，1997.

　　[54] 于绍元. 中国诉讼法学 [M]. 北京：中国法制出版社，1994.

［55］郁慕镛．科学定律的发现［M］．杭州：浙江科学技术出版社，1990.

［56］张道新．汉语极言研究［M］．沈阳：辽海出版社，2007.

［57］张卫平．诉讼架构与程式——民事诉讼的法理分析［M］．北京：清华大学出版社，2002.

［58］周旺生．法理学［M］．北京：人民法院出版社，2002.

［59］郑大华，邹小站．中国近代史上的自由主义［M］．北京：社会科学文献出版社，2008.

［60］中国社会科学院法学研究所民法研究室民诉组．民事诉讼法参考资料（第二辑·第一分册）［M］．北京：法律出版社，1981.

［61］周晖国．民事再审制度理论与实务研究［M］．北京：人民法院出版社，2006.

［62］江伟．民事诉讼法［M］．北京：中国人民大学出版社，2017.

［63］民事诉讼法学编写组．民事诉讼法学（第三版）［M］．北京：高等教育出版社，2022.

［64］德国民事诉讼法［M］．谢怀栻译．北京：中国法制出版社，2001.

［65］［德］奥特马·尧厄尼希．民事诉讼法［M］．周翠译．北京：法律出版社，2003.

［66］［德］黑格尔．小逻辑［M］．北京：商务印书馆，1980.

［67］［德］黑格尔．法哲学原理［M］．范扬等译．北京：商务印书馆，2009.

［68］［德］拉德布鲁赫．法学导论［M］．朱林译．北京：中国大百科全书出版社，1997.

［69］［德］莱茵荷德·齐柏里乌斯．法学导论［M］．金振豹译．北

京：中国政法大学出版社，2007.

[70] [德] 罗森贝克等. 德国民事诉讼法 [M]. 李大雪译. 北京：中国法制出版社，2007.

[71] [德] 穆泽拉克. 德国民事诉讼法基础教程 [M]. 周翠译. 北京：中国政法大学出版社，2005.

[72] [德] 米夏埃尔·施蒂尔纳. 德国民事诉讼法学文萃 [M]. 赵秀举译. 北京：中国政法大学出版社，2005.

[73] [德] N. 霍恩. 法律科学与法哲学导论 [M]. 罗莉译. 北京：法律出版社，2005.

[74] [德] 尼克拉·斯卢曼. 权力 [M]. 瞿铁鹏译. 上海：上海人民出版社，2005.

[75] [法] 路易·若斯兰. 权利相对论 [M]. 王伯琦译. 北京：中国法制出版社，2006.

[76] [法] 洛伊克·卡迪耶. 法国民事司法法 [M]. 杨艺宁译. 北京：中国政法大学出版社，2010.

[77] [法] 让·文森，塞尔日·金沙尔. 法国民事诉讼法要义 [M]. 罗结珍译. 北京：中国法制出版社，2001.

[78] [韩] 孙汉琦. 韩国民事诉讼法导论 [M]. 陈刚译. 北京：中国法制出版社，2010.

[79] [美] 奥斯汀·萨拉特. 布莱克维尔法律与社会指南 [M]. 高鸿钧等译. 北京：北京大学出版社，2011：484.

[80] [美] E. 博登海默. 法理学：法律哲学与法律方法 [M]. 邓正来译. 北京：中国政法大学出版社，2004.

[81] [美] 艾伦·沃森. 民法法系的演变及形成 [M]. 李静冰等译. 北京：中国政法大学出版社，1997.

［82］［美］本杰明·卡多佐．司法过程的性质［M］．苏力译．北京：商务印书馆，2000.

［83］［美］冯·贝塔朗菲．一般系统论：基础发展和应用［M］．林康义，魏宏森译．北京：清华大学出版社，1987.

［84］［美］杰弗里·C. 哈泽德，米歇尔·塔鲁伊．美国民事诉讼法导论［M］．张茂译．北京：中国政法大学出版社，1998.

［85］［美］L. 科塞．社会冲突的功能［M］．孙立平等译．北京：华夏出版社，1988.

［86］［美］劳伦斯·M. 弗里德曼．法律制度：从社会科学角度观察［M］．李琼英等译．北京：中国政法大学出版社，2004.

［87］［美］罗尔斯．正义论［M］．何怀宏等译．北京：中国社会科学出版社，1988.

［88］［美］诺内特，塞尔兹尼克．转变中的法律与社会［M］．张志铭译．北京：中国政法大学出版社，1994 年.

［89］［美］理查德·A. 波斯纳．法律的经济分析［M］．蒋兆康译．北京：中国大百科全书出版社，1997.

［90］［美］理查德·L. 达夫特，多萝西·马西克．管理学原理［M］．商增安等译．北京：机械工业出版社，2005.

［91］［美］罗纳德·德沃金．认真对待权利［M］．信春鹰等译．北京：中国大百科全书出版社，2006.

［92］［美］罗斯科·庞德．普通法的精神［M］．唐前宏等译．北京：法律出版社，2001.

［93］［美］罗斯科·庞德．通过法律的社会控制：法律的任务［M］．沈宗灵，董世忠译．北京：商务印书馆，1984.

［94］［美］玛丽·安·格伦顿．权利话语：穷途末路的政治言辞

[M]．周威译．北京：北京大学出版社，2006.

[95] [美] 迈克尔·D. 贝勒斯．程序正义：向个人的分配 [M]．邓海平译．北京：高等教育出版社，2005.

[96] [美] 迈克尔·D. 贝勒斯．法律的原则——一个规范的分析 [M]．张文显等译．北京：中国大百科全书出版社，1996.

[97] [美] 米尔伊安·R. 达玛什卡．司法和国家权力的多种面孔：比较视野中的法律程序 [M]．郑戈译．北京：中国政法大学出版社，2004.

[98] [美] 约翰·亨利·梅利曼．大陆法系 [M]．北京：法律出版社，2004.

[99] 日本新民事诉讼法 [M]．白绿铉译．北京：中国法制出版社，2000.

[100] [日] 川岛武宜．现代化与法 [M]．北京：中国政法大学出版社，1994.

[101] [日] 高桥宏志．民事诉讼法 [M]．林剑锋译．北京：法律出版社，2003.

[102] [日] 谷口安平．程序的正义与诉讼 [M]．王亚新等译．北京：中国政法大学出版社，2002.

[103] [日] 棚濑孝雄．纠纷的解决与审判制度 [M]．王亚新译．北京：中国政法大学出版社，2004.

[104] [日] 新堂幸司．新民事诉讼法 [M]．林剑锋译．北京：法律出版社，2008.

[105] [日] 中村英郎．新民事诉讼法讲义 [M]．陈刚，林剑锋等译．北京：法律出版社，2001.

[106] 英国民事诉讼规则 [M]．徐昕译．北京：中国法制出版社，

2001.

［107］［英］阿德里安·A. S. 朱克曼. 危机中的民事司法［M］. 傅郁林等译. 北京：中国政法大学出版社，2005.

［108］［英］哈特. 法律的概念［M］. 许家馨等译. 北京：法律出版社，2006.

［109］［英］J. A. 乔罗威茨. 民事诉讼程序研究［M］. 吴泽勇译. 北京：中国政法大学出版社，2008.

［110］［英］麦考密克等. 制度法论［M］. 周叶谦译. 北京：中国政法大学出版社，1994.

［111］［英］梅因. 古代法［M］. 沈景一译. 北京：商务印书馆，1996.

［112］法国新民事诉讼法典［M］. 罗结珍译. 北京：中国法制出版社，2008.

［113］［意］贝卡里亚. 论犯罪与刑罚［M］. 黄风译. 北京：法制出版社，2002.

［114］［意］莫诺·卡佩莱蒂. 当事人基本程序保障权与未来的民事诉讼［M］. 徐昕译. 北京：法律出版社，2000.

［115］［意］彼德罗·彭梵得. 罗马法教科书［M］. 黄风译. 北京：中国政法大学出版社，2005.

［116］Albion W. Small, General Sociology, Chicago University of Chicago Press, 1905.

［117］Black's Law Dictionary（8thed.）, West Group, 2004, pp. 4042 - 4043.

［118］John Leubsdorf. The Myth of Civil Procedural Reform in Civil Justice in Crisis, edited by Adrian A. S. Zuekerman, Oxford University Press,

1999.

[119] Oxford Dictionary of Law, Oxford University Press, Fifth Edition.

[120] Ronald Dworkin, Justice In Robes, Harvard University Press, 2006.

[121] R. Dworkin, A Matter of Principle, Oxford: Clarendon Press, 1985.

学术论文：

[122] 陈桂明，李仕春. 论程序形成权——以民事诉讼权利的类型化为基点 [J]. 法律科学，2006（6）.

[123] 陈瑞华. 走向综合性程序价值理论 [J]. 中国社会科学，1999（6）.

[124] 陈瑞华. 程序性裁判中的证据规则 [J]. 法学家，2011（4）.

[125] 傅郁林. 论民事上诉程序的功能与结构 [J]. 法学评论，2005（5）.

[126] 何文燕. 民事审判行为及其规制研究 [J]. 湘潭大学学报（哲学社会科学版），2000（5）.

[127] 江伟，廖永安. 论我国民事诉讼一审与上诉审关系之协调与整合 [J]. 法律科学，2002（6）.

[128] 蒋晓亮. 民事诉讼复议制度研究 [D]. 西南政法大学2008年硕士学位论文.

[129] 李志强. 民事诉讼当事人诉讼权利研究 [D]. 河北大学2006年硕士学位论文.

[130] 栾林林. 论民事诉讼中的复议制度 [D]. 吉林大学2010年硕士学位论文.

[131] 雷勇. 当事人民事诉讼权利救济机制研究 [D]. 湘潭大学

2006 年硕士学位论文.

［132］廖永安．论当事人诉讼权利与法院审判权力的对立统一［J］．湘潭大学学报（哲学社会科学版），1999（3）.

［133］廖永安．法院诉讼行为要论［J］．法学家，2003（2）.

［134］廖永安，雷勇．论我国民事诉讼复议制度的改革与完善［J］．法律科学，2008（3）.

［135］廖永安等．民事诉讼当事人异议的法理分析［J］．法学杂志，2012（12）.

［136］黄良友．试论民事诉讼复议制度［J］．现代法学，1995（6）.

［137］洪德琨．走向中和的民事诉讼模式论——协同主义诉讼模式在我国的构建［J］．法律适用，2009（5）.

［138］冀宗儒．当事人主义、职权主义与合作主义——民事诉讼立法指导思想的发展［J］．公民与法，2009（12）.

［139］李浩．民事诉讼当事人的自我责任［J］．法学研究，2010（3）.

［140］李燕，胡月．我国民事诉权司法保障的实证考察与完善路径［J］．人权，2021（5）.

［141］刘小飞，李振国．加拿大法院案件管理的规则、实践与启示［J］．法律适用，2008（11）.

［142］刘荣军．民事诉讼中"新职权主义"的动向分析［J］．中国法学，2006（6）.

［143］卢鹏．民事裁定复议制度的检讨与重构［J］．西南政法大学学报，2010（5）.

［144］苗连营．公民司法救济权的入宪问题之研究［J］．中国法学，2004（5）.

［145］邵明．论民事诉讼程序参与原则［J］．法学家，2009（3）．

［146］汤维建，毕海毅，王鸿雁．评民事再审制度的修正案［J］．法学家，2007（6）．

［147］汤维建，陈巍．《关于民事诉讼证据的若干规定》的创新与不足［J］．法商研究，2005（3）．

［148］田平安，刘春梅．试论协同型民事诉讼模式的建立［J］．现代法学，2003（1）．

［149］吴英姿．诉权理论重构［J］．南京大学法律评论，2001（1）．

［150］王建源．迈向对话的正义——协商性司法的制度逻辑及本土实践［C］．司法改革论评，2007．

［151］徐昕．当事人权利与法官权力的均衡分配［J］．现代法学，2001（4）．

［152］许少波．论否定性法律后果的立法设置——以救济当事人民事诉讼权利为主的考察［J］．法学评论，2005（2）．

［153］杨翔，雷勇．论我国民事诉讼复议制度之演变与完善［J］．湘潭大学学报（哲学社会科学版），2021，45（1）．

［154］张晋红，余明永．民事诉讼改革与当事人诉讼权利的检讨和完善［J］．法学评论，2000（6）．

［155］张卫平．管辖权异议：回归原点与制度修正［J］．法学研究，2006（4）．

［156］张卫平．论民事诉讼法中的异议制度［J］．清华法学，2007（1）．

［157］张卫平．民事诉讼法律审研究［J］．民事程序法研究，2006（2）．

［158］张卫平．民事再审事由研究［J］．法学研究，2000（5）．

［159］周翠．现行民事诉讼义务体系的构建［J］．法学家，2012（3）．

［160］周永坤．诉讼法理研究［J］．中国法学，2004（4）．

［161］许章润．法律的实质理性［J］．中国社会科学，2003（1）．

［162］左卫民．职权主义：一种谱系性的"知识考古"［J］．比较法研究，2009（2）．

［163］齐树洁．论民事上诉权之保障［J］．民事程序法研究，2011（2）．

［164］夏勇．舍法求法与媒体正义［J］．环球法律评论，2005（1）．

［165］周翠．《德国民事诉讼法》部分修改后的条款［M］//陈刚．比较民事诉讼法（2003年卷）．北京：中国人民大学出版社，2004．

［166］［德］迪特尔·莱波尔德，弗·莱堡．当事人的诉讼促进义务与法官的责任［M］//米夏埃尔·施蒂尔纳．德国民事诉讼法学文萃．赵秀举译．北京：中国政法大学出版社，2005．

［167］　［德］汉斯·弗里德黑尔姆·高尔．民事诉讼目的问题［M］//米夏埃尔·施蒂尔纳．德国民事诉讼法学文萃．赵秀举译．北京：中国政法大学出版社，2005．

［168］［德］卡尔·奥古斯特·贝特尔曼．民事诉讼法百年［M］//米夏埃尔·施蒂尔纳．德国民事诉讼法学文萃．赵秀举译．北京：中国政法大学出版社，2005．

［169］［德］卡尔·奥古斯特·贝特尔曼．声明不服和撤销：对于民事诉讼法的法律救济的正确理解［M］//米夏埃尔·施蒂尔纳．德国民事诉讼法学文萃．赵秀举译．北京：中国政法大学出版社，2005．

［170］［德］赖因哈德·格雷格．作为诉讼主义的合作［M］//米夏埃尔·施蒂尔纳．德国民事诉讼法学文萃．赵秀举译．北京：中国政法大学出版社，2005．

［171］［德］鲁道夫·瓦塞尔曼．从辩论主义到合作主义［M］//米夏埃尔·施蒂尔纳．德国民事诉讼法学文萃．赵秀举译．北京：中国政法大学出版社，2005．

［172］［德］沃尔弗拉姆·亨克尔. 程序规范的正当性 ［M］//米夏埃尔·施蒂尔纳. 德国民事诉讼法学文萃. 赵秀举译. 北京：中国政法大学出版社，2005.

［173］［德］鲁道夫·冯·耶林. 为权利而斗争 ［M］//胡海宝译. 梁慧星. 民商法论丛 （第 2 卷）. 北京：中国法制出版社，2000.

［174］［法］让-路易·贝尔热尔. 法国民事裁判制度的现状与未来 ［M］//施鹏鹏等译. 载陈刚. 比较民事诉讼法 （2003 卷）. 北京：中国人民大学出版社，2004.

［175］［美］万斯庭. 美国法官的工作 ［M］//宋冰. 程序、正义与现代化. 北京：中国政法大学出版社，1998.

［176］［美］蒂莫西·希尔. 论马克思的整体论 ［J］. 汤伯杞译. 国外社会科学动态.1989 （9）.

［177］［日］三月章. 实体法与诉讼法——从实践问题提起 ［J］. 刘荣军译. 外国法译评，1999 （3）.

［178］［日］山本克己. 当代日本的民事诉讼 ［J］. 私法.2006，（1）.

［179］［日］中村英郎. 民事诉讼制度和理论的法系考察 ［M］//陈刚. 比较民事诉讼法 （2003 卷）. 北京：中国人民大学出版社，2004.

［180］Christopher Hodges，Stefan Vogenauer. Costs and Funding of Civil Litigation：A Comparative Study，http：//ssrn. com/abstract＝1511714.

［181］Klement Alon，Neeman Zvika，Civil Justice Reform：A Mechanism Design Framework. Journal of Institutional and Theoretical Economics，Vol. 164，2008.

［182］Larry Alexander：Are Procedural Righets Derivative Substantive rights? Law and Philosophy，17：19 – 42，1998.

［183］Robert M. Cover，Reading the Rules：Procedural Neutrality and

Substantive Efficacy in For James Wm. Moore：Some Reflections on aReading of the Rules, 84 Yale L. J. 718, 722-740.

［184］舒国滢．权利的法哲学思考［J］．政法论坛，1995（3）：1-6+11.

［185］夏勇．权利哲学的基本问题［J］．法学研究，2004（3）：3-26.

［186］肖建华．审判权缺位和失范之检讨——中国民事诉讼发展路向的思考［J］．政法论坛，2005（6）：44-55.

［187］张卫平．再审事由构成再探讨［J］．法学家，2007，105（6）：13-18+1.

［188］田平安，蓝冰．德国民事法定听审责问程序［J］．金陵法律评论，2007，13（2）：3-11.

［189］何四海．民事诉讼便民原则的现代化［J］．求索，2010（12）.

报纸文章：

［190］陈瑞华．获得听审的权利［N］．法制日报，2000-10-01.

［191］傅达林．有"精密司法"才有司法公正［N］．广州日报，2008-01-06.

［192］马艾地．保障诉讼权利　维护司法公正［N］．人民日报，2001-08-29.

致　　谢

本书是在笔者博士论文的基础上修改、完善而成的。在书稿即将落笔时，掩卷回首，博士求学的诸多场景历历在目。还记得在法学院小会议室、办公室，廖永安教授对我指导的场景；廖老师访学美国的前一天，又特地留出时间就论文的写作对我进行深度指导；即使远在美国的一年里，恩师也经常通过QQ、国际长途敦促我抓紧时间加强学习。恩师近距离的言传身教和远距离的在线指导，带给我诸多灵感及启发。论文初成后，廖老师又亲自修改了论文的内容和表达方式，提出进一步完善的宝贵建议。于此，我衷心地感谢恩师廖永安教授！感谢恩师对我的培育和教诲，这将是我最宝贵、最难忘的记忆！

感谢恩师何文燕先生多年来对我的指导和关心！何文燕先生虽已仙逝，但我从未敢忘记恩师对我严父般的要求和慈母般的宽容。在我硕士和博士就读期间，何文燕先生从未间断过对我成长的关心。在北斗村的宁静里、湘江畔的涛声里，与恩师的每次交流都让我有新的体会和新的收获。恩师对文章内容的安排有很多深刻的洞见，每次见面，恩师总不厌其烦、不辞辛劳地耐心解释和回答我请教的一个又一个问题。恩师严谨的治学态度、高尚的品格修养，使我深受感染；恩师的谆谆教诲，使我受益终生。

在本书的写作及完善过程中，还要感谢胡肖华教授、李蓉教授、郭树理教授、王国征教授对我学习上的指导和关心。我要特别感谢谢勇教授、陈刚教授、黄明儒教授、杨开湘教授等老师的批评和指导意见；感谢彭熙海教授、夏新华教授、欧爱民教授、张立平教授、赖早兴教授、肖伟志教授、胡军辉教授、姜霞教授、李喜莲教授、王霞教授、陈叶老师对我求学期间的帮助和支持；感谢大师云集的湘潭大学，感谢朝气蓬勃的法学院！这种结缘和情谊已成为我生命中重要的部分。同时，也感谢刘晓春、刘方勇、易玲、梁宏辉、穆远征、侯元贞、雷连莉、宋彬龄等同学对我的帮助。

最后，要特别感谢我的家人！从小到大，父母一直非常关心我的学业，感谢他们对我的养育和教导。同时，感谢我的妻子和小孩，正是他们在身边的陪伴和支持，我才能顺利度过一段又一段的求学探索的苦乐时光。

何四海

2023 年 8 月